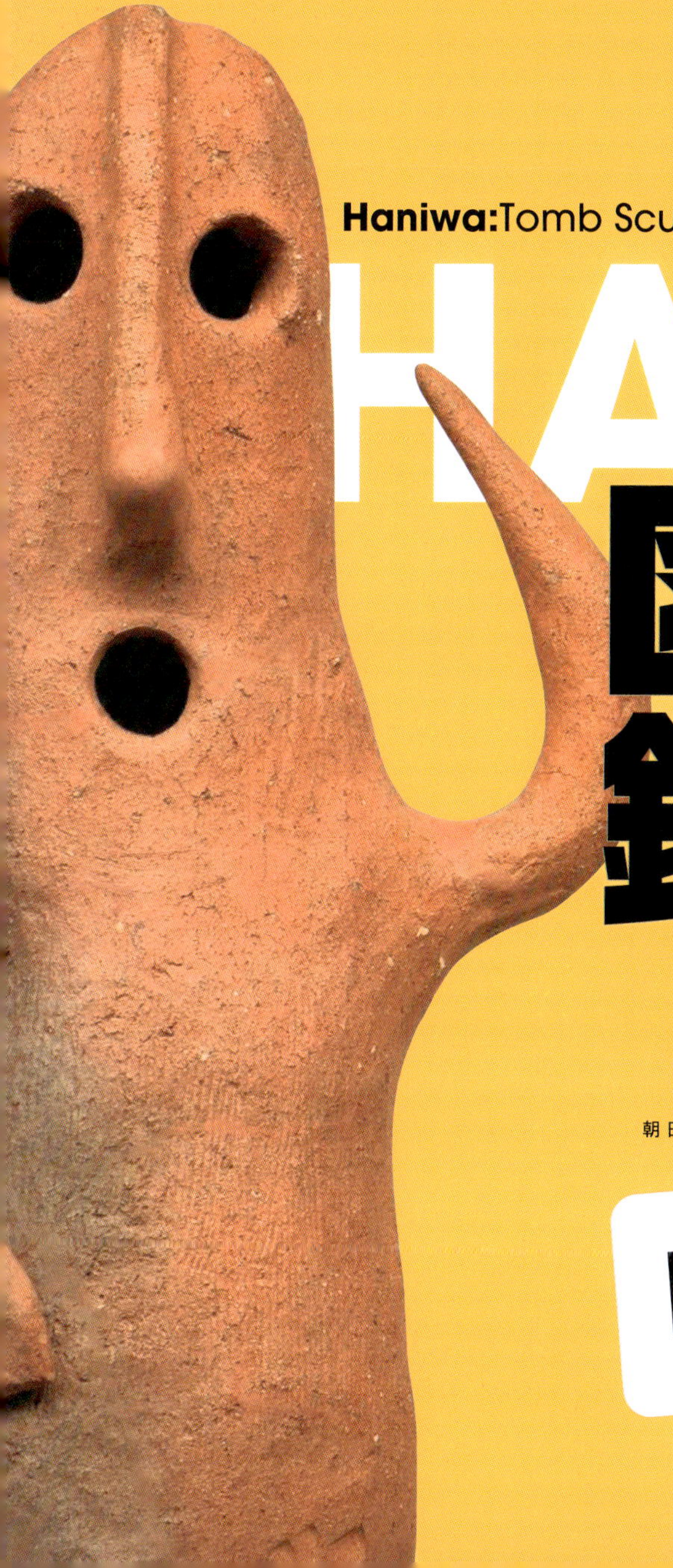

Haniwa: Tomb Sculptures of Japan

HANIWA

楽しく学べる はにわ図鑑

かみゆ歴史編集部 編

朝日新聞出版

楽しく学べる はにわ図鑑 もくじ

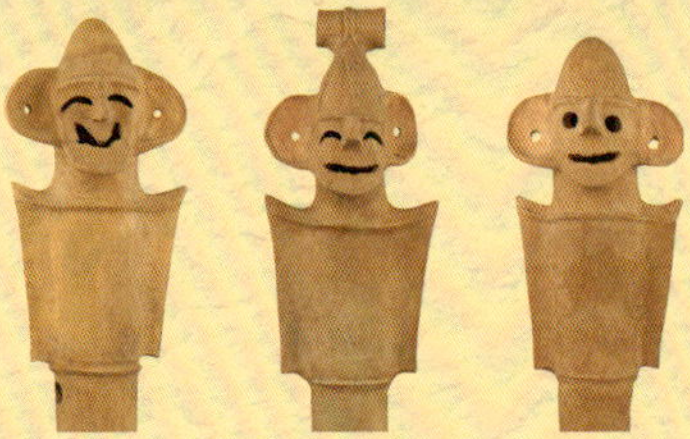

はにわの基礎知識

第1章 人物のはにわ

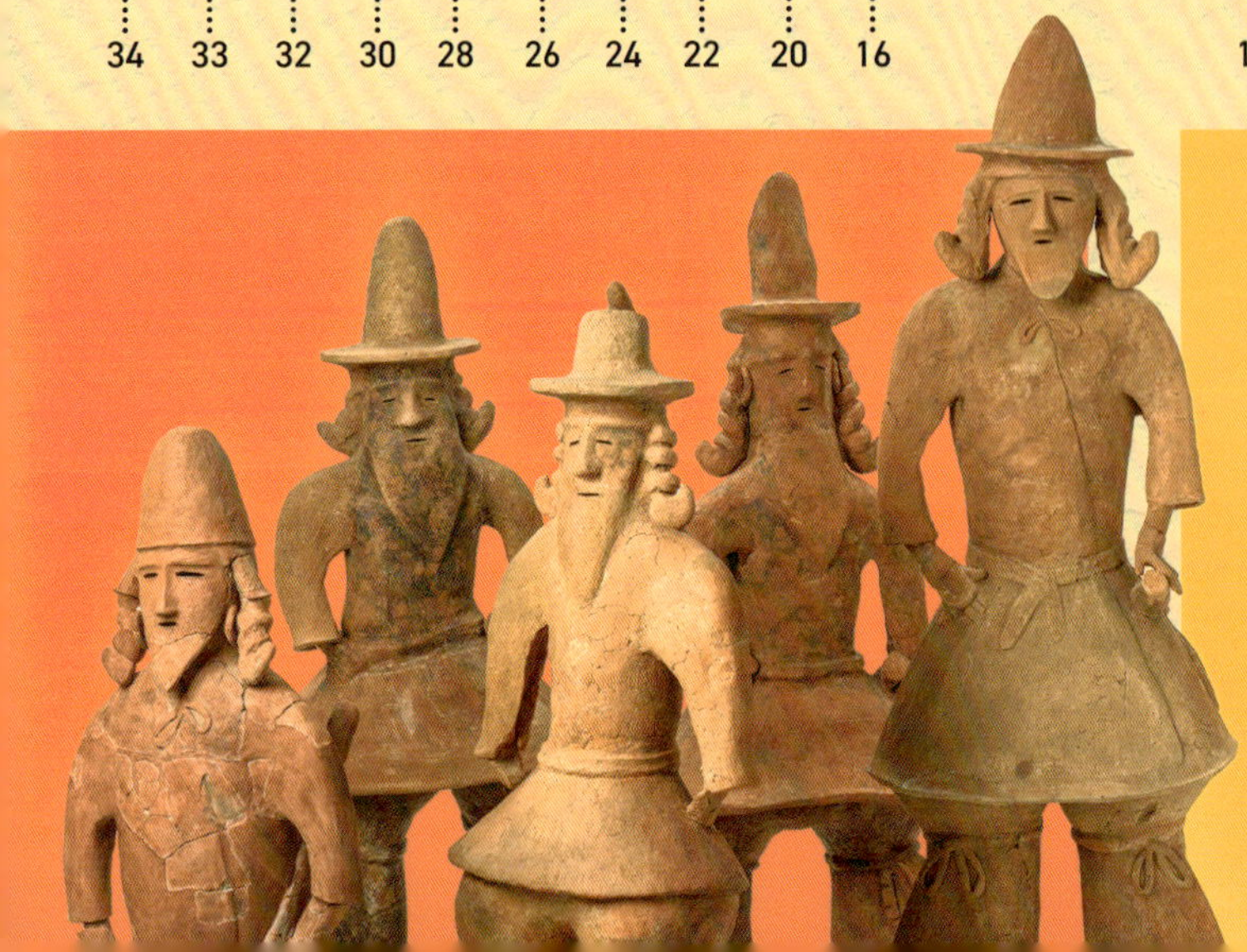

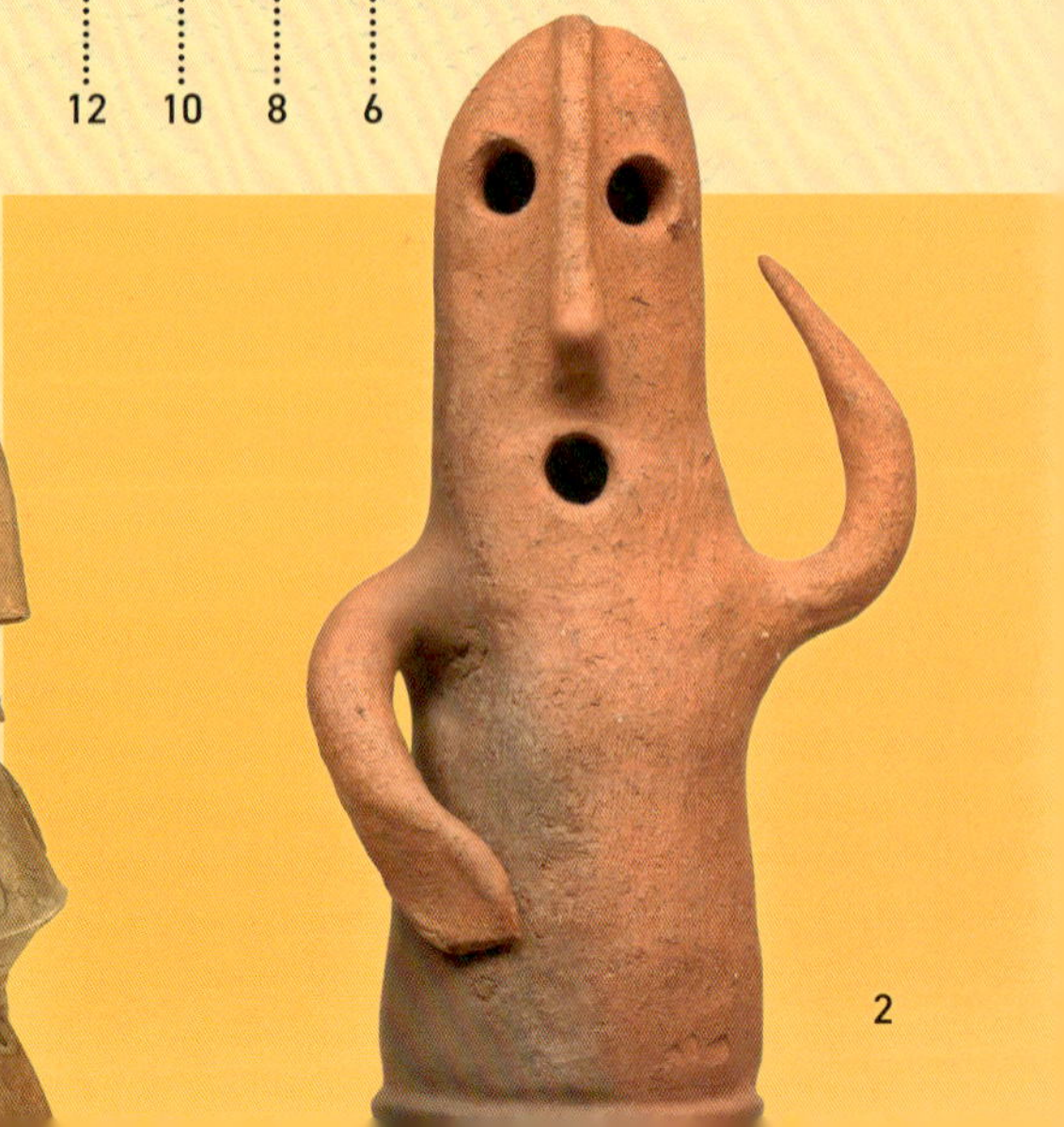

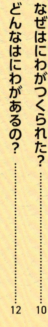

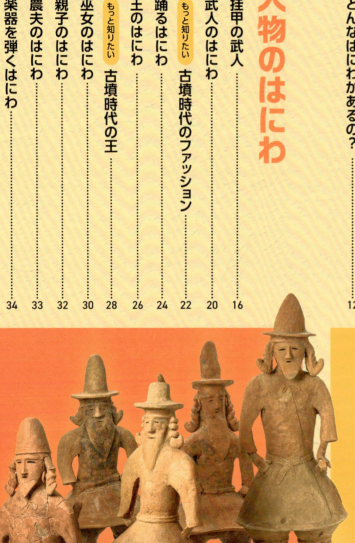

第2章 動物のはにわ

第3章

モノのはにわ

古墳を知ろう

注意事項

◉本書はとくに明記しない限り、2024年9月現在の情報をもとにしています。

◉埴輪の「正式名称」「年代」「高さ」「出土場所」などの情報は、基本的に各所蔵館が公表している情報を記載しています。

◉「所蔵」はその文化財が保管されている場所を示しています。保管場所と所蔵者・写真の提供元が異なる場合はその旨を記載しています。

◉国が指定した「国宝」と「重要文化財（以下、重文）」にはアイコンをつけています。

主要参考文献

●若狭徹『もっと知りたいはにわの世界―古代社会からのメッセージ』（東京美術）
●若狭徹『埴輪 古代の証言者たち』（KADOKAWA）
●若狭徹監修『楽しく学べる歴史図鑑 はにわ』（スタジオタッククリエイティブ）
●和田晴吾『古墳と埴輪』（岩波書店）
●右島和夫監修『HANI- 本』（群馬県）
●『綿貫観音山古墳 ガイドブック』（群馬県立歴史博物館）
●『高槻市立今城塚古代歴史館 常設展示図録』（高槻市教育委員会）
●『よみがえる5世紀の世界』（かみつけの里博物館）
●『詳説 日本史探究』（山川出版社）
●文化遺産オンライン（https://bunka.nii.ac.jp/）
● ColBase: 国立文化財機構所蔵品統合検索システム（https://colbase.nich.go.jp/?locale=ja）

カバー写真

◎「埴輪 挂甲の武人」「埴輪 踊る人々」「埴輪 子持家」「馬形埴輪」「埴輪 盾持人」「埴輪 杯を捧げる女子」（東京国立博物館所蔵／ ColBase）
◎「ムササビ形埴輪」（成田市教育委員会所蔵）
◎「盾持人物埴輪」（本庄早稲田の杜ミュージアム所蔵）
◎「鶏形埴輪」（伊勢崎市赤堀歴史民俗資料館所蔵）
◎「子馬形埴輪」（四條畷市立歴史民俗資料館所蔵）
◎「船形埴輪」（松阪市文化財センター所蔵）
◎「人物埴輪（力士）」（高槻市立今城塚古代歴史館所蔵）

はにわの基礎知識

はにわって何？

古墳時代の人々の姿を私たちに伝える埴輪

埴輪とはそもそもなんでしょうか。一言でいうと、古墳に並べられた焼き物のこと。3～6世紀頃、日本各地に住む権力者たちは、巨大な墳墓「古墳」をつくりました。そして権力者が眠る神聖な領域を示すため、古墳の墳丘や堤の上に大量の円筒埴輪を並べたのです。

時代が下ると、被葬者の魂が宿る「家形埴輪」や、被葬者の生前の姿を表した「人物埴輪」など、埴輪の造形はバラエティに富んでいきます。この埴輪の姿から、古墳時代の人々がどんな暮らしをしていたのかがわかるでしょう。

さらに埴輪は時代によって造形が異なるため、古墳から発見された埴輪を調べれば、その古墳がいつできたのか、どんな権力者がいたのかがわかることもあります。つまり埴輪には、日本という国がどのように発展していったかを考える上でのヒントが隠されているのです。

群馬県高崎市にある保《ほ》渡《ど》田《た》八《はち》幡《まん》塚《づか》古墳（►P88）は、古墳がつくられた当時の姿に復元されている。このように古墳の墳丘上や堤の部分に埴輪を隙間なく並べることで悪霊の侵入を防ぎ、被葬者の魂が安らかに眠れるようにしたのである。そのため、古墳からは大量の埴輪が見つかるのだ。

埴輪に守られているから
安心して眠れるね

古墳時代ってどんな時代？

世界最大の墳墓である
仁《にん》徳《とく》天《てん》皇《のう》陵《りょう》古墳

大阪府堺市にある仁徳天皇陵古墳は、全長 486m の長さを誇り、世界最大の墳墓として世界遺産に登録されている。形はヤマト政権を象徴する鍵穴形の前方後円墳。被葬者は 16 代・仁徳天皇とされているが、実際は不明である。

権力の象徴だった古墳

古墳時代はその名の通り、権力者が古墳をつくった時代のことで、3〜6世紀頃にあたります。縄文時代まで日本人は小さなムラをつくり定住していましたが、中国大陸から稲作が伝来し弥生時代に入ると、農作物などをめぐりムラ同士の争いが激化。戦に勝ったムラを中心にクニが形成されていきます。そして弥生時代後期、各地のクニの統治者（豪族、▶P28）は自分の権力をアピールするために古墳をつくり始めました。以降、古墳は全国につくられ、古墳時代の幕が開きます。

古墳の中でも代表的な形が、鍵穴形の前方後円墳。これは日本各地の豪族を統治下に置いた政治連合「ヤマト政権」のトップ・大王《おおきみ》のシンボルです。そしてこの王こそ、天皇のルーツです。

大きな古墳で自分の権力をアピールしたんだね〜

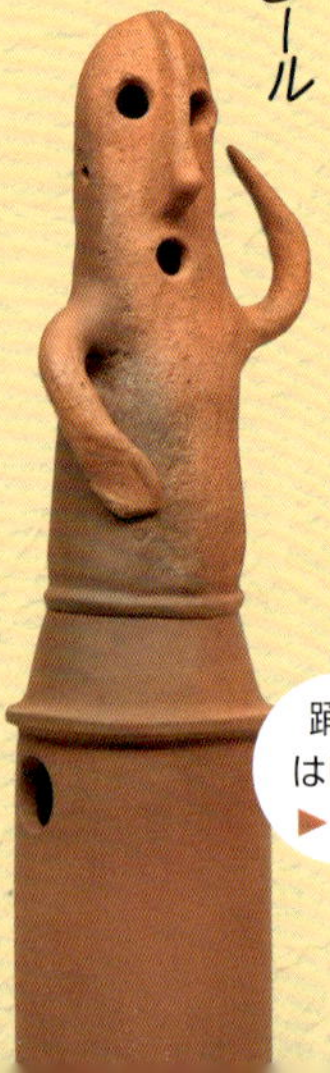

踊るはにわ
▶ P24

約16000年前

縄文時代

人々がムラをつくり定住生活を始める

当時の土器に縄目の文様が入っていたため「縄文時代」と呼ばれる。縄文時代の人々はムラという小さな集落を形成し、狩猟採集生活を送っていた。なお、埴輪とよく比較される土偶《どぐう》は、縄文時代のものである（▶P42）。

縄文時代の代表的な集落遺跡・三内丸山遺跡。（青森県青森市）

紀元前5～4世紀

弥生時代

ムラの規模が拡大し、クニができる

紀元前8世紀頃より九州で、前5～4世紀頃東日本で稲作が定着し、農耕社会が成立した。この頃、農作物や金属をめぐりムラ同士の戦争が勃発。遺跡からも武器や防御施設の跡が発見されている。この戦に勝利したムラが負けたムラを飲み込み巨大化し、クニができ始めた。有名な女王・卑弥呼《ひみこ》が治めた「邪馬台国《やまたいこく》」もその一つである。

柵と堀が復元された吉野ヶ里遺跡。（佐賀県吉野ヶ里町）

3世紀

古墳時代

埴輪の時代！

ヤマト政権が起こり、古墳がつくられる

弥生時代後期より、西日本で古墳がつくられ始める。とくに奈良県には、箸墓《はしはか》古墳をはじめとする大規模な前方後円墳が出現。この地を中心として形成されたヤマト政権による造営だと推測されている。

日本最古の大型前方後円墳といわれる箸墓古墳。（奈良県桜井市）

全国に古墳づくりが波及する

4世紀中頃には東北地方まで古墳づくりが波及。これはつまり、ヤマト政権の影響力が東日本にまでいたったことを示している。とくに関東地方には大きな前方後円墳が多数つくられ、ヤマト政権とのつながりが指摘されている。

6世紀末

飛鳥時代

天皇中心の国家制度が整い、古墳は不要に

5～6世紀頃、ヤマト政権は氏姓制度（豪族を氏《うじ》という単位で組織し、大土が姓《かばね》という称号を与える制度）を導入するなど、豪族の統治システムを整備。以降、権威の象徴としてつくられた古墳の需要はなくなり、7世紀末にはほぼつくられなくなった。

氏姓制度の仕組み

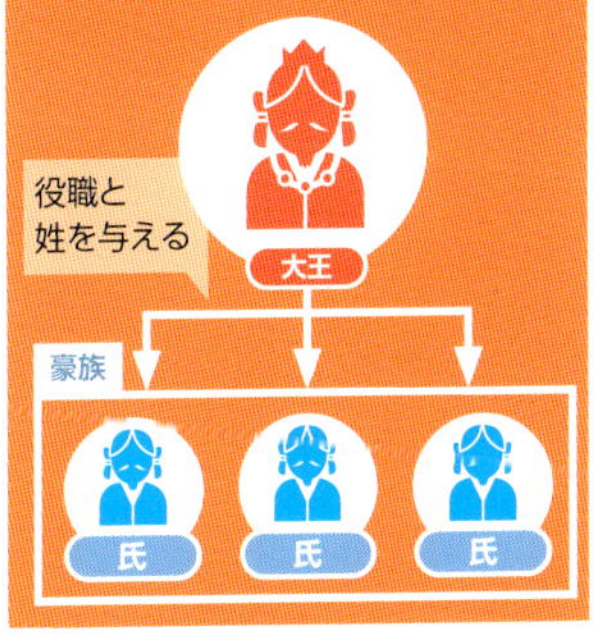

710年

はにわの基礎知識

なぜはにわがつくられた？

お供え物を置く台が埴輪に進化

どうして埴輪がつくられるようになったのでしょうか。それを知るために、埴輪の進化の歴史を追っていきましょう。

弥生時代後期、権力者の墓として墳墓がつくられ始めます。そのお供え物を入れる土器や器台《きだい》（土器を置くための背の高い台）が埴輪のルーツ。やがて器台は大型化し、「弧帯文《こたいもん》」と呼ばれる渦巻きのような文様があしらわれていきました。このような特徴を持つ器台を「特殊器台」と呼びます。

3世紀頃、この特殊器台の形をもとに生まれたのが最初の埴輪「円筒《えんとう》埴輪」。円筒埴輪は古墳の墳丘や堤の上に並べて、古墳の魔除けを行う役割を持ちました。

4世紀に入ると、家や人物など、なんらかの形を表した「形象《けいしょう》埴輪」が登場。形象埴輪は形によって役割があり、家形は死者の魂が宿る場所、人物形は生前の死者の姿、または古墳をにぎやかす装飾だと考えられています。

弥生時代後期

土器と器台を供えた

弥生時代、墳墓へのお供え物を入れるために、壺形の土器と器台が使用された。器台は長い脚を持つのが特徴だ。

弥生時代後期の土器と器台。（赤穂市教育委員会所蔵）

弥生時代末期

特殊器台の登場

器台の脚が太くなり、高さも1m前後に。全体に弧帯文などの文様があしらわれた。このような器台を特殊器台という。

この上に壺を置くんだ

文様がある特殊器台。（倉敷市教育委員会所蔵）

3世紀

円筒埴輪の登場

特殊器台の形状をもとに、筒形の円筒埴輪が登場。前代からの名残で、円筒埴輪の上に壺形埴輪が乗せられた。

円筒埴輪の上部に差し込んで使ったんだよ

壺形埴輪。円筒埴輪に差し込まれない上部には、着色の跡がある。（国（文化庁）所蔵、（一財）大阪市文化財協会提供）

4世紀

形象埴輪ができる

円筒埴輪が進化し、家や人物、動物、道具など様々なものをかたどった形象埴輪が誕生。古墳の墳丘上や周囲を装飾するために並べられた。形によって役割があったと考えられている。

家形埴輪 ▶ P68

家形埴輪

家形埴輪は、その多くが古墳の頂上など、重要な場所に置かれたことから、死者の魂が宿る場所としてつくられたと考えられている。

埴輪といえば俺たち人物埴輪！だけど、つくられ始めたのは意外と後の時代なんだ

人物埴輪 ▶ P14

人物埴輪

人物埴輪は5世紀頃からつくられ始めた。衣装から立場や性別などが推測されており、単体ではなく群像で並べられていたようだ。古墳に眠る被葬者をかたどったもの、死者の魂に仕える従者たちを表したものなど、つくられた理由や役割には諸説ある。

3世紀

円筒埴輪の多様化

円筒埴輪と壺形埴輪を一体化させたような「朝顔形埴輪」や、円筒に鰭のような装飾がついた「鰭付円筒埴輪」など円筒埴輪のバリエーションが増える。お供え物を置く台という当初の役割は失われ、古墳の魔除けとして、古墳に大量に並べられるようになる。

円筒埴輪 ▶ P78

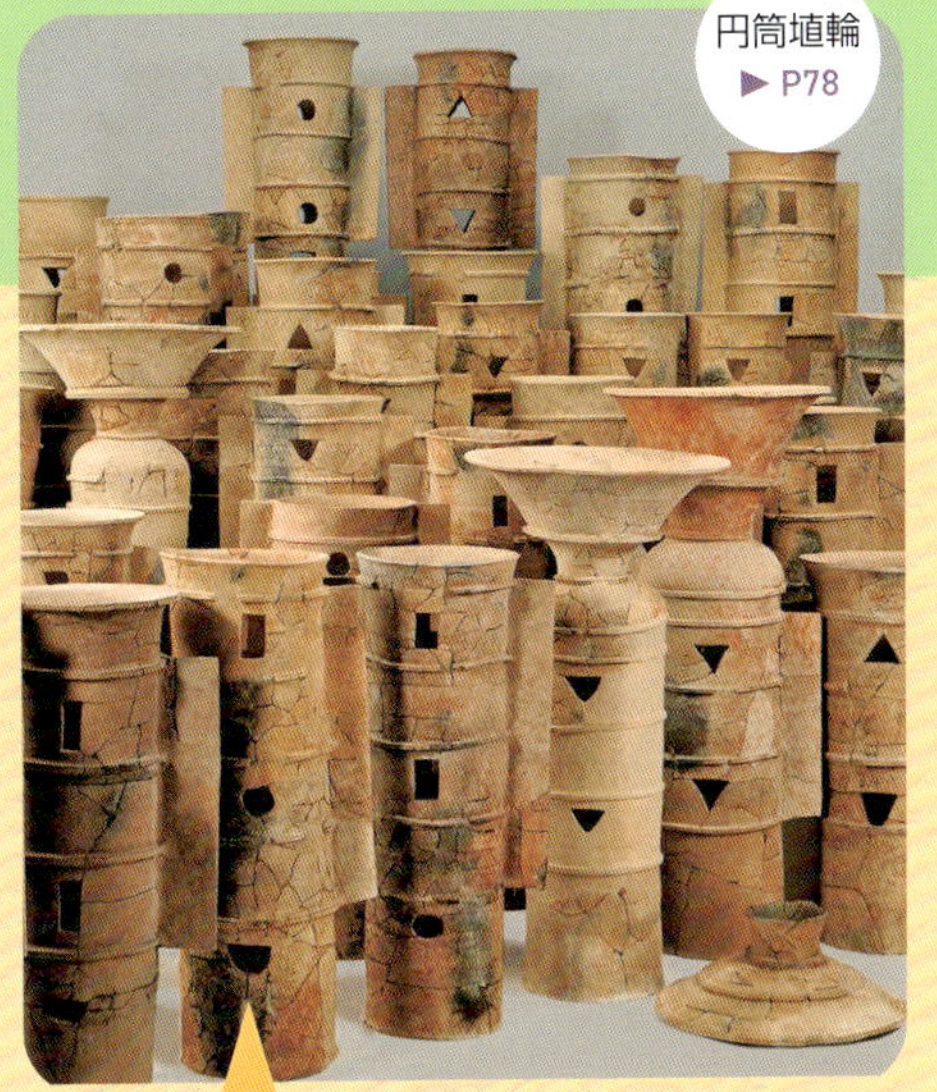

POINT

円筒埴輪の穴

円筒埴輪には必ず穴が開いている。これは、特殊器台にあしらわれた文様・弧帯文の名残だ。弧帯文には魔除けの意味があり、これを強調するため器台には穴が空けられた。大量生産する必要がある円筒埴輪は、コストダウンのために弧帯文が省略され、魔除けで穴だけを残したのだ。

大きな穴が開いた円筒埴輪。（東京国立博物館所蔵）

はにわの基礎知識

どんなはにわがあるの？

時代とともに多様化していった埴輪

埴輪は円筒埴輪と形象埴輪の大きく2つに分けられ、形象埴輪は形によってさらに細分化されます。最も古いのが円筒埴輪、次に家形埴輪や、道具をあしらった器財埴輪が続きます。我々がよくイメージする人物や動物の埴輪は、埴輪の製作技術が向上した古墳時代の後期、比較的新しい時代につくられたのです。

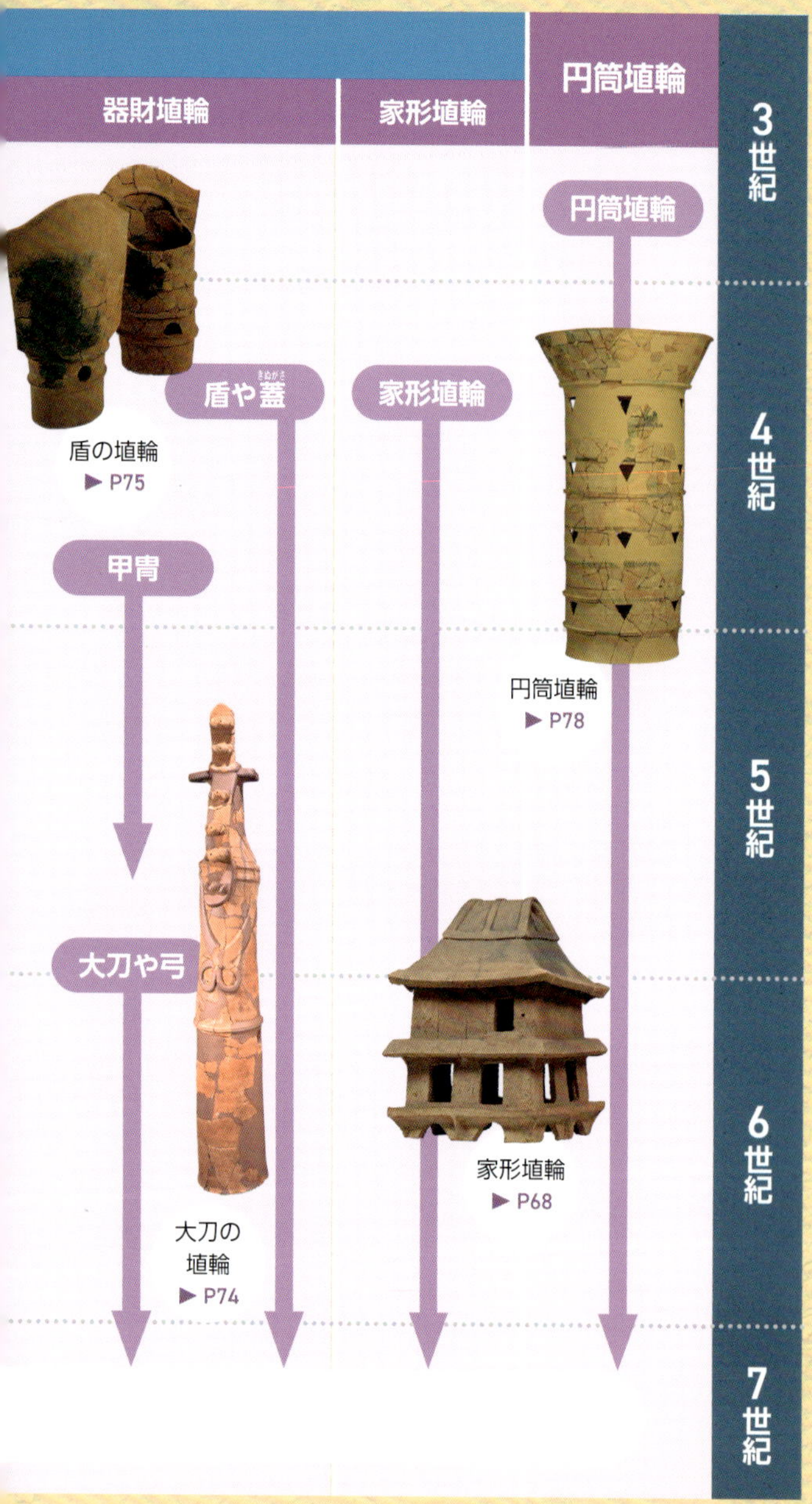

円筒埴輪
家形埴輪
器財埴輪
3世紀
4世紀
5世紀
6世紀
7世紀
円筒埴輪
家形埴輪
盾や蓋《きぬがさ》
甲冑
大刀や弓
円筒埴輪
▶ P78
家形埴輪
▶ P68
盾の埴輪
▶ P75
大刀の
埴輪
▶ P74

埴輪は時代とともにバリエーションが増えていったのさ～

農夫の埴輪
▶ P33

形象埴輪

動物埴輪

ニワトリは
権力の象徴として
早くから埴輪に
なってたんだ！

鶏形埴輪
▶ P63

ニワトリ

馬形埴輪
▶ P48

水鳥

水鳥形
埴輪
▶ P64

馬などの動物

人物埴輪

人物埴輪は服装や髪型で
どんな人を表しているのかが
わかるのよ

巫女の
埴輪
▶ P30

様々な人物

体の大部分が盾だから
器財埴輪に
分類されることもあるぞ

盾持ち人
埴輪
▶ P40

盾持ち人

前方後円墳がつくられなくなり、埴輪も消滅

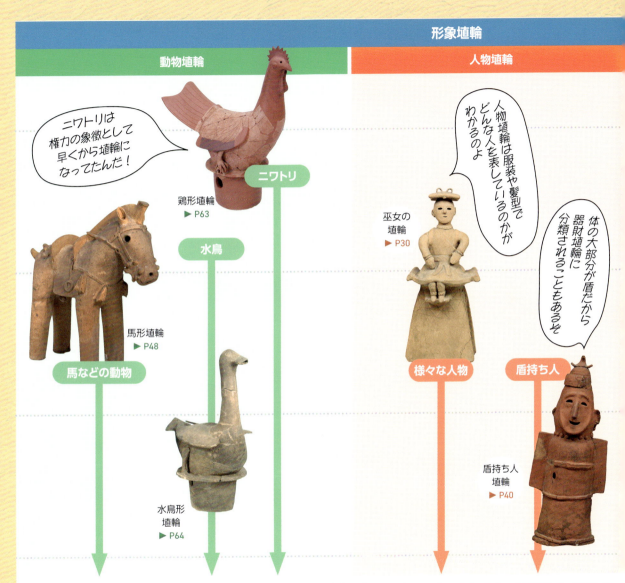

第1章
人物のはにわ

埴輪といえば人物をかたどったものを想像する人は多いでしょう。しかし、人物の埴輪は5世紀中頃、古墳時代の後半から現れたのです。

人物埴輪を見るときに注目したいのが服装。人物埴輪は性別や職業によってファッションが異なり、たとえば「女性はロングスカートをはいているので足の表現が省略されている」など、見た目からその埴輪がどんな立場の人物かが推定できます。

また、人物埴輪は道具を持っていることもあります。刀や弓などの武器、楽器、農業で使う鍬など、持ち物でも職業を見分けることができるのです。

埴輪の世界にはどんな人物がいるのか、見ていきましょう。

古墳から、いざ参る！

挂甲の武人

人物の埴輪といえば、頭から足まで完全武装した姿の「挂甲《けいこう》の武人」を思い浮かべる人も多いでしょう。国宝「挂甲の武人」は映画やテレビ番組のキャラクターのモチーフになったため有名です。名前の「挂甲」とは小札《こざね》という5～10cmの鉄板をつなぎ合わせてできた高級な鎧のこと。そのため彼らは一般兵ではなく、権力者が武装した姿だと考えられています。

埴輪界の大スターとは
俺のこと！
いろんなキャラクターの
モデルになったぞ！
背中には矢を入れた
靫《ゆき》を背負っている
右手には大刀《たち》を
左手には弓を持つ
スカートみたいに
見えるけど、草摺《くさずり》と
いう腰を守るための鎧

古墳時代のスーパースター

切手や映画などでも大活躍のこの埴輪は、正式名称を「埴輪 挂甲の武人」という。挂甲をまとった埴輪は他にも見つかっているが、この埴輪は、肩や足を守るパーツや腕を守る籠手《こて》、足を覆う沓甲《くつかぶと》など、頭からつま先まで精巧につくられており、美しいだけではなく挂甲の構造を知る上でも貴重な資料となっていることから、国宝に指定されている。

埴輪 挂甲の武人 国宝

年代	6世紀
高さ	130.4cm
出土場所	群馬県太田市飯塚町
所蔵	東京国立博物館

POINT

埴輪には色が塗られていた！

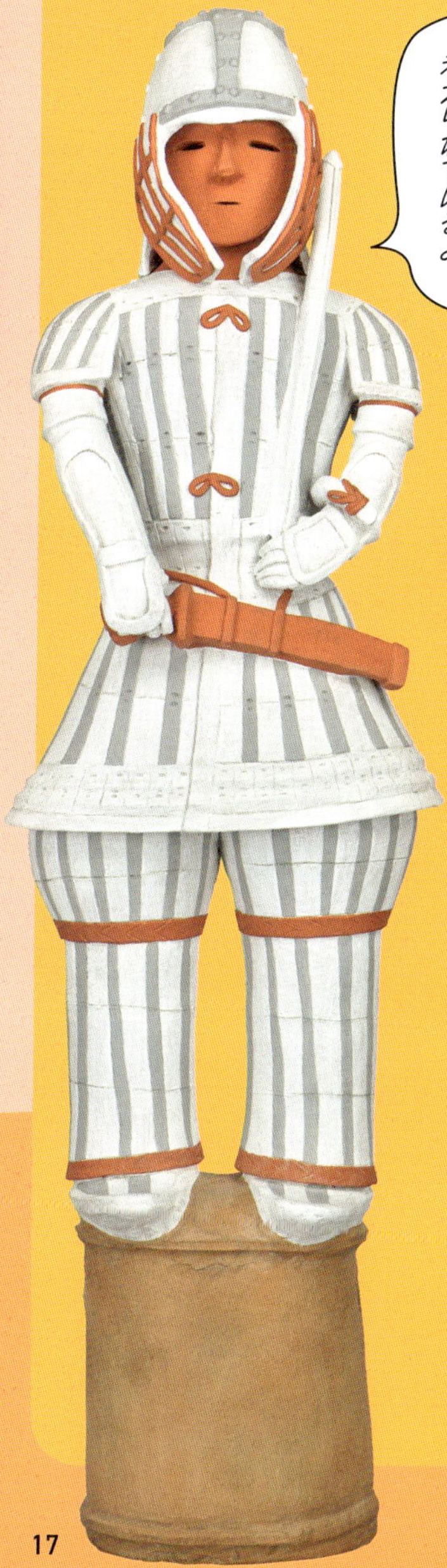

白は鉄の銀色を表現していると考えられているよ

2023年に彩色復元された東京国立博物館所蔵の「挂甲の武人」。（文化財活用センター制作）

土の中から出てきた埴輪は、みんな地味な茶色。しかし、つくられた当初は着色されていたことがわかっている埴輪がある。たとえば国宝「挂甲の武人」については、蛍光Ｘ線調査で甲の部分が白と灰色のツートンカラーで、顔や刀などは赤く塗られていたことが判明した。また埴輪の中には、顔や体に塗料の跡がハッキリと残っているものもある。埴輪は本来、カラフルできらびやかな姿のものもあったのだ。

顔を守る頬《ほお》当《あ》てに加えて、首の後ろもしっかりガードしている錣《しころ》つきの冑《かぶと》。この形は日本独自のものだ

国宝「挂甲の武人（▼P16）」には、兄弟のようによく似た4体の埴輪が存在。どれも群馬県太田市周辺で発見されており、クオリティも高いことから、この地には埴輪づくりのプロ集団がいたと考えられています。

俺のそっくりさんを紹介するぜ！

自慢の弓を見てくれよ

立派な弓を持つスナイパー

鎧の造形はシンプルで、腕も短い。他の「挂甲の武人」たちとの違いは、目線と同じ高さまでのびた長い弓を手にしている点。肩にかけて運ばないと重いのだろうか。

武人埴輪　重文

年代	6世紀
高さ	134.1cm
出土場所	群馬県太田市世良田町
所蔵	天理大学附属天理参考館

キリッ
胡籙

埴輪 挂甲の武人

年代	6世紀
高さ	136cm
出土場所	群馬県伊勢崎市安堀町
所蔵	国立歴史民俗博物館

4体の中で一番そっくり！

国宝「挂甲の武人」と顔も防具もそっくり。少し冑を深めにかぶっている点や、右腰に胡《こ》籙《ろく》（矢を入れるケース）を持っている点、脚は武装せず袴をはいている点などで見分けよう。

POINT

アメリカに渡った埴輪

この埴輪は群馬県太田市で出土したのち、約60年前にアメリカ・シアトルに渡った。1962年に開催されたシアトル万国博覧会では「古代東洋の芸術」展でアメリカでも埴輪が注目を浴びたことがきっかけで、現在はシアトル・アジア美術館に展示されている。この美術館の初代館長フラー博士は、「この埴輪は日本の国宝と兄弟だ」と口にしたとか。

ハロー！
エブリバディ！

アメリカ在住の武人埴輪！

アメリカ・シアトル美術館に保管されている埴輪。腰に手を当てている点や、身につけているアイテムの形などに違いがあるが、国宝「挂甲の武人」にそっくりだ。2024年10月に東京国立博物館で開催された特別展「はにわ」では、念願の里帰りを果たした。

埴輪 挂甲の武人

年代	6世紀
高さ	135.3cm
出土場所	群馬県太田市
所蔵	アメリカ・シアトル美術館

一番ちっちゃい末っ子？

5体の「挂甲の武人」たちの中で身体が最も小さく、顔の比率も他より大きいことから、少年のような印象を受ける。しかし小さいながら刀の柄をにぎり抜刀する様子は勇ましい。

埴輪 武装男子像 重文

年代	6世紀
高さ	124.8cm
出土場所	群馬県太田市成塚町
所蔵	（公財）相川考古館

がんばります！

武人のはにわ

「挂甲の武人」だけじゃない！

「挂甲の武人」以外にも、武装している埴輪はたくさんいます。変わった形の冑をかぶっていたり、ヒゲが生えていたりと、個性豊かな武人の埴輪を紹介します。

武人埴輪 重文

年代	6世紀後半
高さ	（右）162cm
出土場所	姫塚古墳（千葉県横芝光町）
所蔵	芝山仁王尊・観音教寺（芝山町立芝山古墳・はにわ博物館保管）

撮影＝奈良文化財研究所・中村一郎

自慢のヒゲとくるくるヘア

高い三角形の帽子をかぶり、りっぱなヒゲを生やした武人埴輪たち。いずれも千葉県芝山町付近で見つかっており、この地域で理想とされた姿を造形したとされている。なお「武人埴輪」と呼ばれているが、甲冑を装備していないため、武人ではなく王の埴輪ではないかともいわれている。

この不思議な髪型は「下げ美豆《みず》良《ら》」と呼ばれるもの（▶P23）で貴人のヘアスタイルだ。

どうじゃ、りっぱなヒゲじゃろう

大陸の最先端の冑

この武人の冑のように、古墳時代は大陸の影響を受けた独特の冑が使われた。この武人が見つかった綿貫観音山《わたぬきかんのんやま》古墳（▶P92）からは、朝鮮半島南部で使われていた「突《とっ》起付冑《きつきかぶと》」も出土しており、朝鮮半島との交流が盛んだったことがよくわかる。（国（文化庁）所蔵／群馬県立歴史博物館提供）

カブトムシみたいな冑

まるでカブトムシのツノのような冑をかぶる埴輪。これは蒙古形と呼ばれる冑で、頭の飾りは鳥の羽をイメージしたと考えられている。左手で刀をにぎりしめ、警備態勢バッチリだ。

立派な冑だろう
これで敵を
威圧するのだ

甲冑をまとう武人 国宝

年代	6世紀後半
高さ	136.5cm
出土場所	綿貫観音山古墳（群馬県高崎市）
所蔵	国（文化庁）（群馬県立歴史博物館提供）

人物埴輪（武人）

年代	6世紀前半
高さ	118.5cm
出土場所	今城塚古墳（大阪府高槻市）
所蔵	高槻市立今城塚古代歴史館

大王の元にみな集まるのだ

今城塚古墳には、中国の兵馬俑のように、たくさんの武人埴輪が列をつくっている姿が復元されている。

大王に向かって整列！

これまで東日本の武人埴輪を紹介してきたが、これは大阪の今城塚《いましろづか》古墳（▶P90）で見つかった武人の埴輪。今城塚古墳は日本の頂点に君臨したヤマト政権の大王・継体《けいたい》天皇の古墳だと考えられており、この武人埴輪は武装した各地の権力者が大王の元に集まったシーンを再現したものだという説もある。

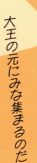

もっと知りたい

古墳時代のファッション

埴輪は一見同じような見た目ですが、髪型や服装を観察することで、男性なのか女性なのか、どんな立場の人だったかがわかります。ここでは、埴輪を見るときに注目したい古墳時代のファッションを紹介します。

おしゃれな帽子は男のシンボルなのだ

冠《かん》や帽《ぼう》

男性の埴輪は頭に何かをかぶっていることが多い。トゲトゲした装飾は金属製の冠（►P26）、ハット型や縦長の烏帽子《えぼし》型のものは、布や革、植物の繊維でつくった帽（帽子）だと考えられる。

籠手《こて》

手首や腕を防御するための防具。

帯

腰には帯を巻く。帯には大刀や鞆《とも》（小さな袋）、女性埴輪は鏡などをぶら下げていることもある。

この埴輪は左腰に鞆を下げている

袴と脚《あ》結《ゆい》

男子はダボっとしたズボンをはいているのが特徴。動きやすくするために、脚結という紐で膝下を縛った。

埴輪 盛装の男子

年代	6世紀
高さ	126.5cm
出土場所	四ツ塚古墳（群馬県太田市）
所蔵	東京国立博物館

男性の埴輪

男性の埴輪は袴《はかま》（ズボン）をはき、頭にかぶり物を身につけているのが特徴だ。

りっぱな帽子でビシッと決める

つばがついたハットをかぶった埴輪。大きな下げ美豆良にりっぱな大刀、ハデなネックレスなどから、高貴な武人を表したと考えられる。発見された時には靴の裏まで土に埋まっており、まるで立っているかのように見えたという。

島田髷《しまだまげ》

女性のヘアスタイル。長い髪を頭の上で折りたたみ、紐でくくる。この埴輪のように鉢巻をつけたり、クシをさしたりして飾った。

男性の髪型・美豆良《みずら》

POINT

男性のヘアスタイルは、長髪を左右に分けておさげ髪のように垂らした「下げ美豆良」と、耳の横でひょうたん型にくくった「上げ美豆良」がある。「下げ美豆良」は高貴な人の髪型だった。

上げ美豆良の「埴輪 鍬を担ぐ男子」。（▶P33）

耳の横で束ねたのが上げ美豆良だよ

耳飾り

イヤリングやイヤーカフのように、耳たぶにはさんで装着した。

ネックレス・腕輪

男女ともにネックレスや腕輪を装着した。おもにガラス玉や石、金属でつくられ、中には勾玉《まがたま》がついたものも見つかっている。

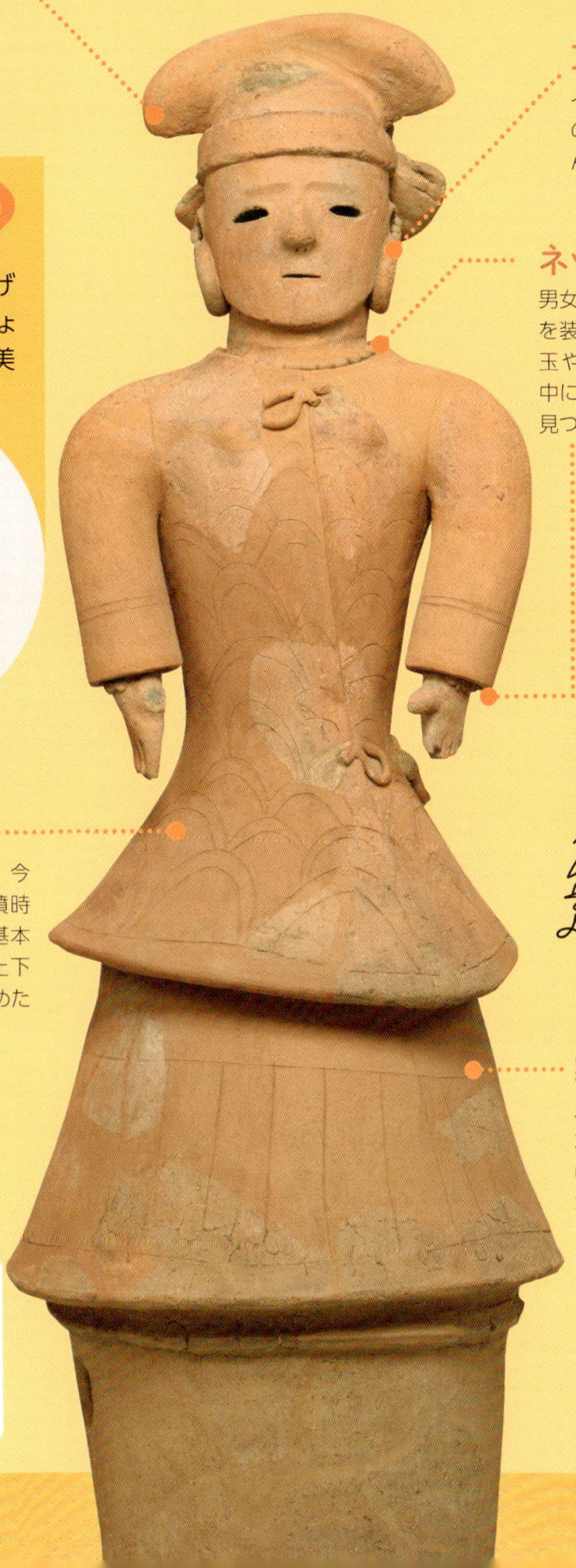

こんなにおしゃれな女性埴輪はなかなかないぞよ

きっちり鉢巻で儀式に臨む！

鉢巻が印象的な女性の埴輪。うろこ状の模様が刻まれた衣など豪華な装いから、儀式に臨む姿だと考えられる。

衣《きぬ》

丈の長い上着のこと。今の和服と異なり、古墳時代は左前にするのが基本だった。ちなみに、上下に分かれた服を着始めたのは古墳時代から。

裳

足まで隠れるロングスカートのこと。この埴輪には線が刻まれているが、これは裳のプリーツ（ひだ）を表したもの。

女性の埴輪

女性の埴輪の多くは裳《も》（スカート）をはいているので足が省略されている。

埴輪 盛装女子

重文

年代	6世紀
高さ	126.5cm
出土場所	群馬県伊勢崎市豊城町横塚
所蔵	東京国立博物館

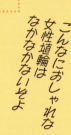

埴輪といえばこのポーズ
踊るはにわ

あっさりした造形にポカンとした顔、そして左腕を挙げて踊っているようなポーズから、ついた愛称は「踊る人々」。ゆるい見た目が大人気の埴輪です。

じつはこの「踊る人々」、比較的新しい時代につくられた埴輪なんだとか。埴輪は既存の埴輪を真似してつくるため、古墳時代後期になると、細部をコピーせず簡略化した埴輪が増加。「踊る人々」のシンプルな見た目はその一例といえるで

踊ってなかった？
踊る人々

「踊る人々」の愛称で親しまれている埴輪だが、近年は馬子埴輪の一種だとも。小さいほうは上げ美《み》豆《ず》良《ら》（▶P23）を結っていることから男子であることが判明している。

埴輪 踊る人々

年代	6世紀
高さ	（大）64.0cm　（小）61.5cm
出土場所	野原古墳（埼玉県熊谷市）
所蔵	東京国立博物館

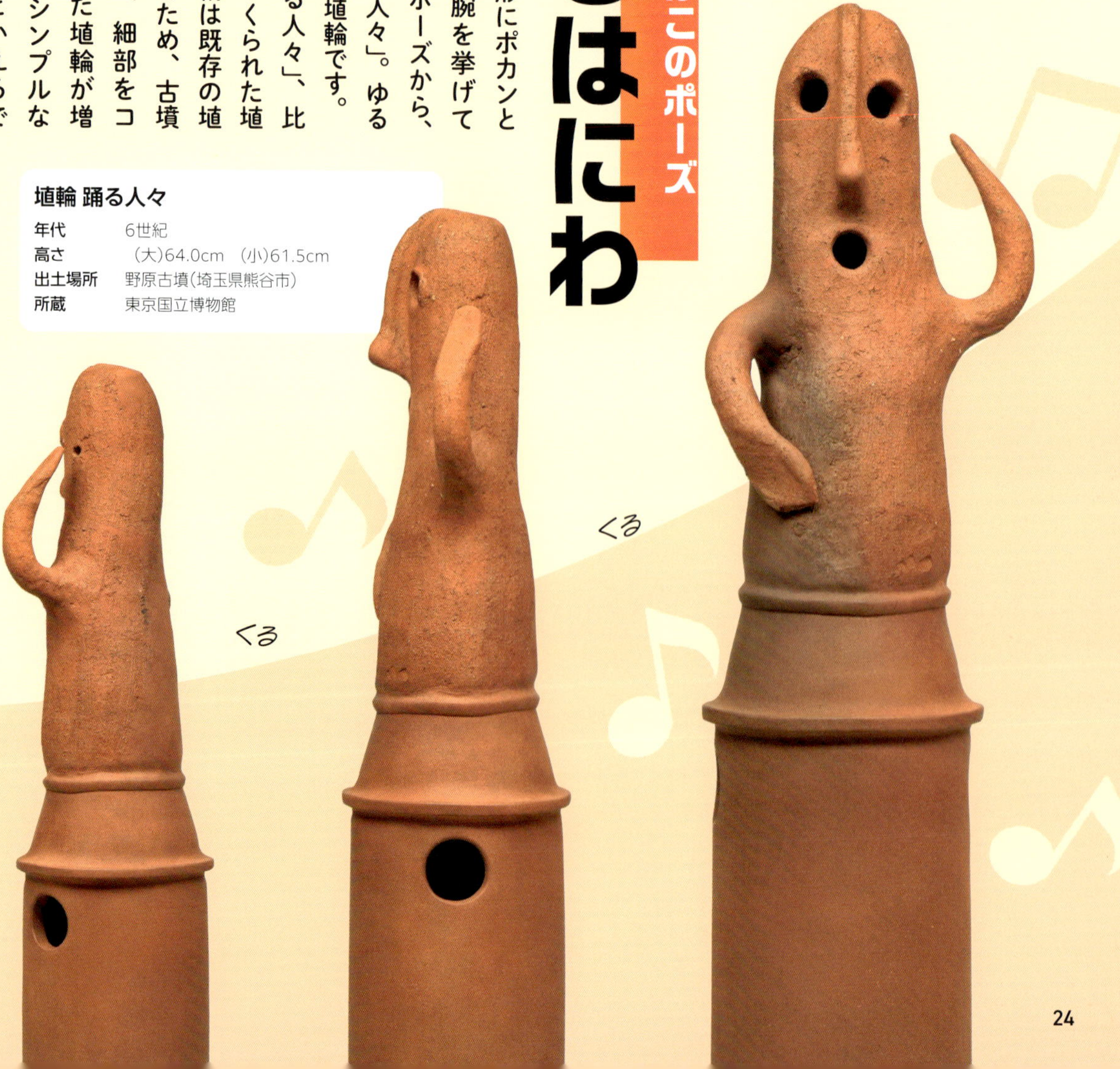

しょう（諸説あり）。

そんな「踊る人々」ですが、見た目からどんな人物を表したのか判断できず、本当に踊っているのか疑問視する声も……。

近年は、小さいほうが腰に鎌をつけていることから、馬の世話をする馬子《まご》（▼P53）だとする説があります。

本当に踊っている埴輪

じつは本当に踊っている埴輪もある。その特徴は両手を挙げていること。楽器を奏でている埴輪（▶P34）も多く見つかっていることから、それに合わせて舞を踊る儀式があったのでしょうね。

踊る埴輪

年代	6世紀
高さ	70cm
出土場所	伝群馬県
所蔵	埼玉県立 さきたま史跡の博物館

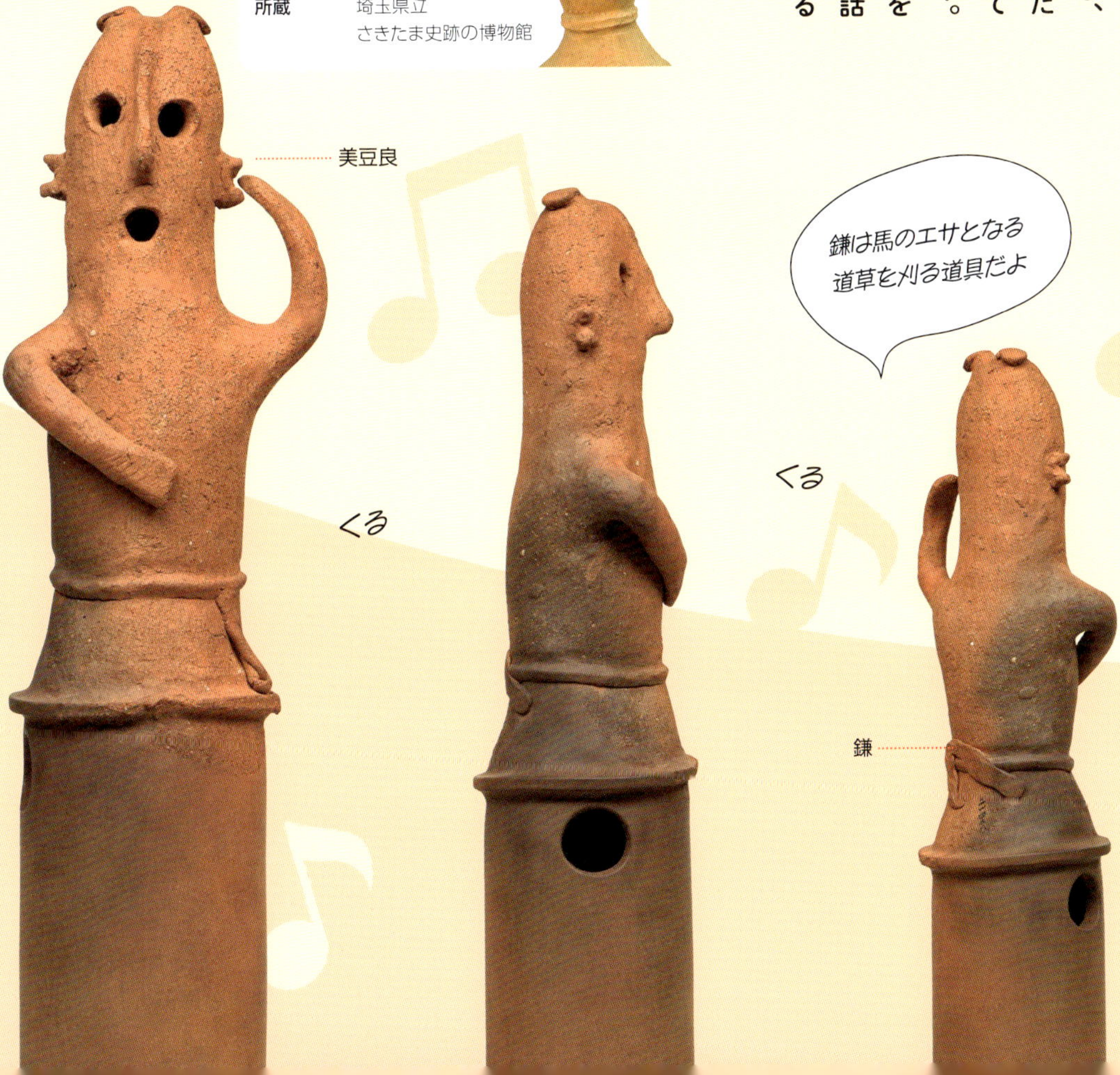
美豆良
くる
くる
鎌は馬のエサとなる道草を刈る道具だよ
鎌

威厳ある高貴な姿

王のはにわ

古墳に眠っているのは、各地を治めた王などの権力者。そんな王たちの姿も埴輪になっています。王の埴輪は冠などのアクセサリーを身につけ、椅子に座っているのが特徴です。威厳がありますね〜。

おしゃれすぎる冠

7つに分かれた鈴つきの冠はまるでピエロのようで、とても可愛らしい。胸の前で手を組んで礼拝のポーズをしていることから、儀式に臨む王の姿をかたどったものだと思われる。顔や衣装に三角形の模様がハッキリと残っているのもポイントだ。

埴輪男子胡坐像 重文

年代	6世紀
高さ	89.4cm
出土場所	神谷作101号墳（福島県いわき市）
所蔵	いわき市教育委員会 （福島県立磐城高等学校保管）

権力者の証だった冠

王や貴族など、地位が高い男性の埴輪の多くが頭に冠をかぶっている。これは冠がその人物の権威を表すものだったからだ。冠の種類は典型的な王冠型、額の前に板が立つ立飾り型、帽子型など実に様々。また、冠をしていない高貴な男性の埴輪は、必ず下げ美豆良（►P23）と呼ばれる長髪をまとめて左右の耳の下に分ける髪型をしているのが特徴だ。

復元された古墳時代の金銅製冠。（東京国立博物館所蔵）

美しい敬礼が素敵

椅子に座る王（倚坐《いざ》の男子）と、王に敬礼する男性（跪《き》坐《ざ》の男子）の埴輪で、セットで出土した。ひざまずく姿勢の埴輪はかなり珍しい。なお、この土下座ポーズは中国の歴史書『魏志倭人伝《ぎしわじんでん》』で「珍しい風習」として紹介されており、日本独自の姿勢だったようだ。

キチッとした髪型、
そろえた両手、
そしてこの角度…
完璧だ
ははーーーーっ
謝っているのでは
ないぞ

我こそが王ぞ

倚坐の男子と跪坐の男子

重文

年代	6世紀前半
高さ	（倚坐）84cm　（跪坐）49.4cm
出土場所	塚廻り古墳群第4号古墳（群馬県太田市）
所蔵	国（文化庁） （群馬県立歴史博物館提供）

ガチガチに固めた
スタイリッシュヘア

ヘアスタイルがすごい王

スカートのような上衣の裾や帯にたくさんの鈴をつけ、完璧に着飾った王の姿は、なんとも威厳に満ちている。この埴輪は綿貫観音山古墳《わたぬきかんのんやま》（▶P92）から出土し、他の埴輪とともに国宝に指定されている。とくに注目したいのはヘアスタイル。まるでワックスで固めたかのように斜め45度をキープしていて、美しい。

両手を腰にあてる振り分け髪の男子

国宝

年代	6世紀後半
高さ	155.5cm
出土場所	綿貫観音山古墳（群馬県高崎市）
所蔵	国（文化庁） （群馬県立歴史博物館提供）

もっと知りたい 古墳時代の王

古墳に葬られた権力者とは、一体どんな人たちでしょうか。古墳時代の日本では「豪族」が各地の政治を担っていました。やがて豪族たちを従える首長「王」が現れ、集団が形成されていきます。古墳に眠るのはこうした王や豪族たちなのです。

とくに現在の奈良県を拠点にしていた政治連合「ヤマト政権」は、大陸との交流を積極的に行うなどして、全国に影響力を持ちました。そのため、ヤマト政権の王は「大王《おおきみ》」と呼ばれるようになり、この大王がのちの「天皇」につながるのです。

ワカタケル大王

全国に影響を与えたヤマト政権

奈良県を中心に形成されたヤマト政権は、中国大陸に使節を派遣して「倭《わ》（日本）のトップ」として公認を得ていた。全国の古墳から、大王が各地の豪族に与えたとされる品々が発見されており、ヤマト政権の影響力の強さがうかがえる。

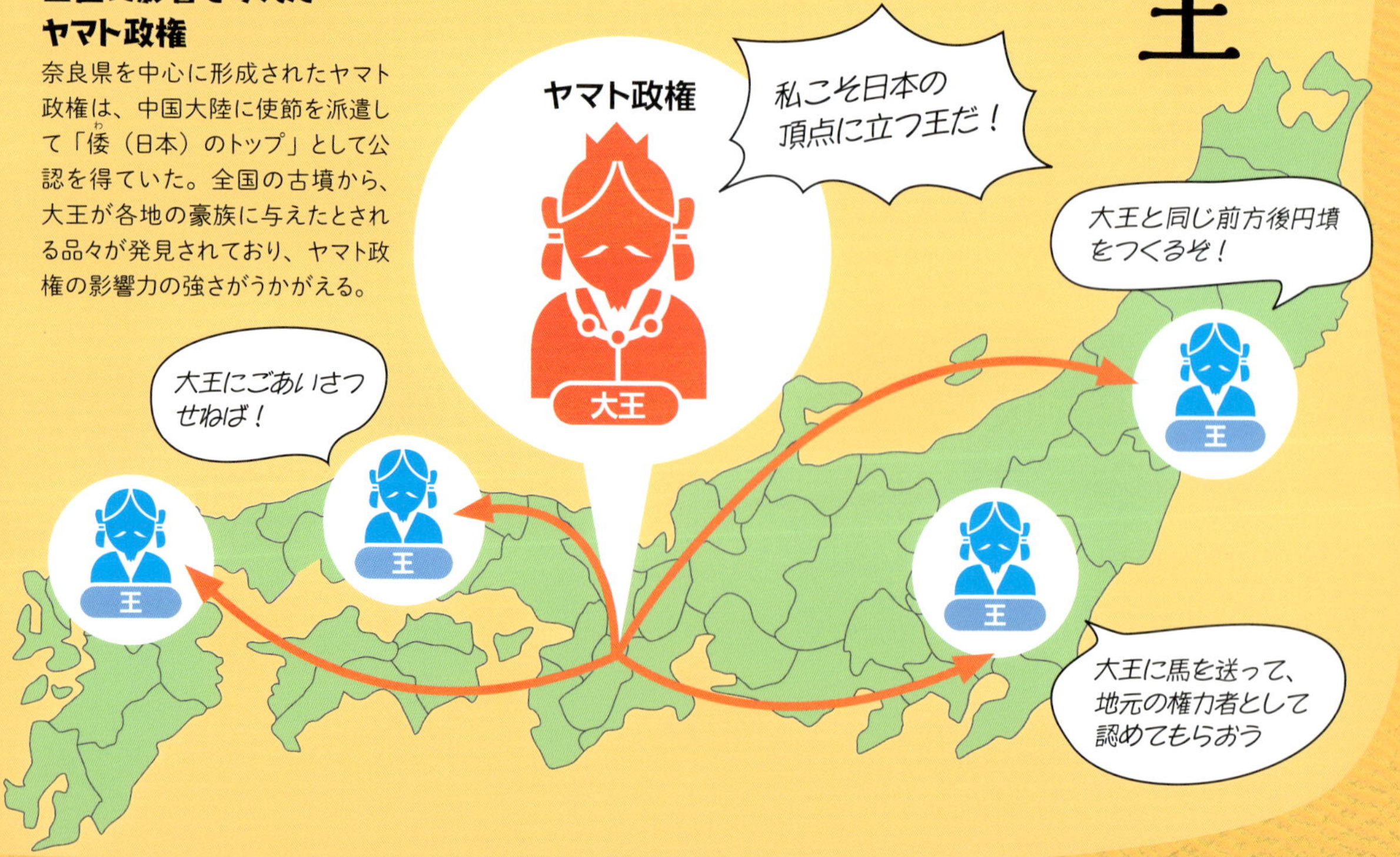
ヤマト政権
私こそ日本の頂点に立つ王だ！
大王
大王と同じ前方後円墳をつくるぞ！
大王にごあいさつせねば！
王
王
王
王
大王に馬を送って、地元の権力者として認めてもらおう

全国にあるヤマト政権のシンボル

ヤマト政権と、地方の王や豪族のつながりを証明する品々が、全国の古墳・遺跡から発見されている。

百舌鳥《もず》・古市《ふるいち》古墳群

大阪府堺市の百舌鳥・古市古墳群は、5世紀頃につくられた前方後円墳（►P82）が密集しており、ヤマト政権の大王の古墳だとされている。全国にある前方後円墳は、各地の王や豪族が、大王とのつながりをアピールするために同じ形の前方後円墳をつくったのだとされる。

天上の世界が描かれた鏡で権力をアピール！

三角縁神獣鏡《さんかくぶちしんじゅうきょう》

大陸から伝来した、縁が三角形になっている鏡。ヤマト政権から各地の王・豪族によくプレゼントされた道具で、全国の古墳から発見されている。

（九州国立博物館所蔵）

稲荷山《いなりやま》古墳出土の鉄剣

埼玉県の稲荷山古墳で見つかった金錯銘《きんさくめい》鉄剣には、「獲加多支鹵《わかたける》大王」と刻まれていた。獲加多支鹵大王は21代・雄略《ゆうりゃく》天皇を指していると考えられ、ヤマト政権の影響が関東にまで及んでいた証拠となっている。

（国（文化庁）所蔵／埼玉県立さきたま史跡の博物館提供）

清く正しく美しく！

巫女のはにわ

男性だけでなく女性の埴輪ももちろんつくられています。女性の埴輪で多いのは、鏡や坏《つき》などの道具を持った巫女の埴輪。巫女は神に仕えるシャーマンで、王は地域を守るため、巫女とともに様々な儀式を行いました。ロングスカートでアクセサリーを身にまとい、とてもオシャレです。

この椅子ジャストサイズなの〜
ちょこーん

腰には鏡を装着

ちょこんと座りがかわいい巫女

リボンで髪の毛を結び、ネックレスやブレスレット、アンクレットで着飾った巫女の埴輪。椅子に座っていることから高貴な女性だと考えられる。

埴輪 腰かける巫女 重文

年代	6世紀
高さ	68.5cm
出土場所	群馬県大泉町古海
所蔵	東京国立博物館

ニュースタイル巫女服

ばんざーい！ 祈る巫女

肩から大きな布をかけているため、幾何学的なデザインの服を着ているように見える巫女。靴を履かず、両手を大きく広げて、全身を使って祈りを捧げている。

人物埴輪（巫女）

年代	6世紀前半
高さ	約100cm
出土場所	今城塚古墳（大阪府高槻市）
所蔵	高槻市立今城塚古代歴史館

バンザイする巫女が見つかった今城塚《いましろづか》古墳（►P90）には、埴輪の行列が復元されている。両手を上げた巫女を先頭に、お供え物の器を持った巫女たちが列をなしている。

クールビューティーな巫女

目もキリッと切れ長で鼻が高く、どことなくクールビューティーな雰囲気をかもし出している。最大の特徴は、胸前のギザギザ模様が入ったたすきと、右手に携えた大きな刀。儀式に臨む巫女の凛々しい姿をかたどっている。

戦うためではなく
儀式のために
刀を持っているのだ

大刀を持つ巫女 重文

年代	6世紀前半
高さ	78.7cm
出土場所	塚廻り古墳群第4号古墳（群馬県太田市）
所蔵	国（文化庁）（群馬県立歴史博物館提供）

巫女界のおしゃれ番長

坏という食器を手にし、これから儀式を行おうとしている巫女。顔には赤い色の塗料でバッチリメイクがほどこされ、派手なネックレスを装着、スカートの裾にも模様がついていて、ひときわおしゃれ。

この腰につけた
鏡とネックレス、
かわいいでしょ

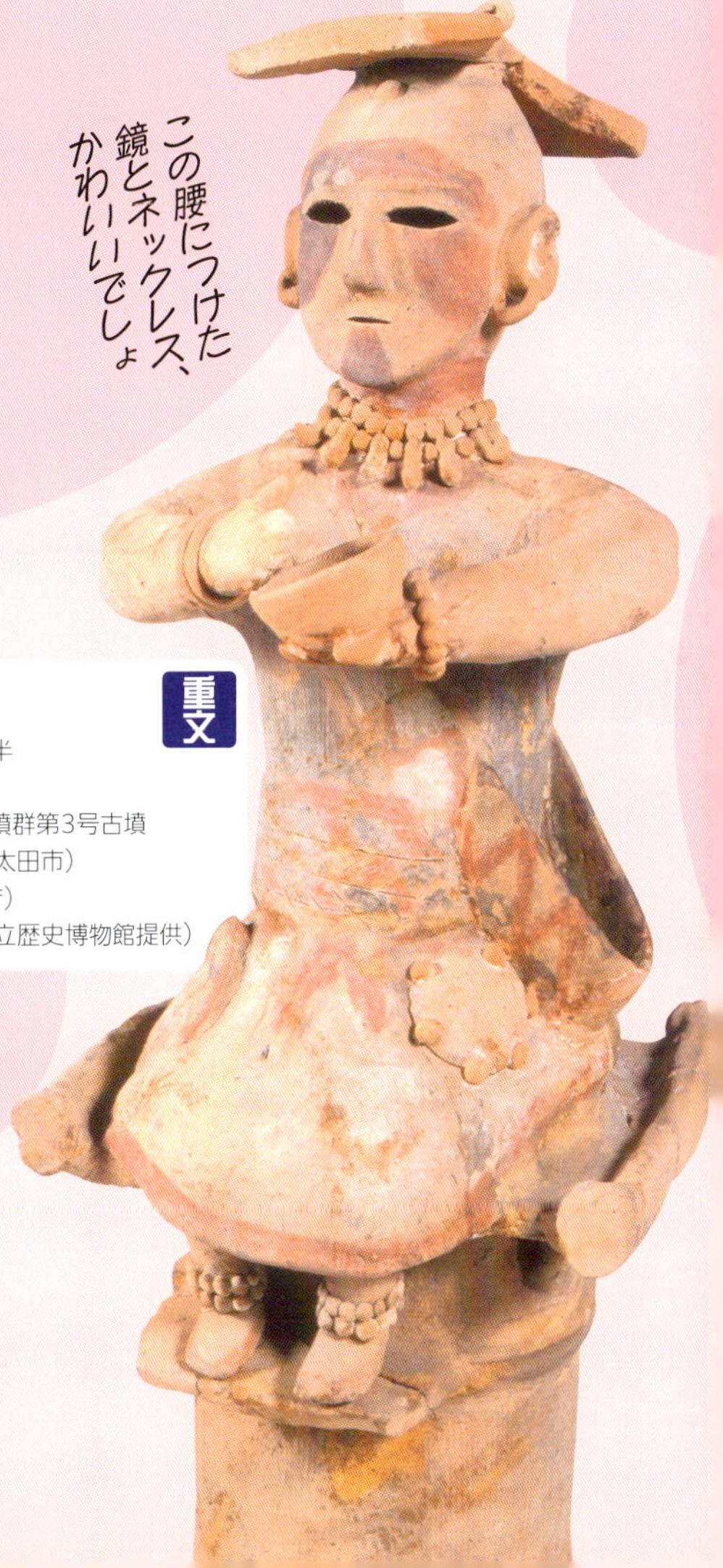

倚坐の女子 重文

年代	6世紀前半
高さ	68.9cm
出土場所	塚廻り古墳群第3号古墳（群馬県太田市）
所蔵	国（文化庁）（群馬県立歴史博物館提供）

POINT

巫女が持つ大事な鏡

東日本で発見される巫女の埴輪は、その多くが縁に鈴がついた鏡「鈴鏡《れいきょう》」を身につけている。鈴鏡は鈴の数によって「五鈴鏡」「六鈴鏡」などと呼ばれる。このような鏡は古墳からも出土しており、儀式の際に使う大事な道具だったと考えられている。（東京国立博物館所蔵）

育児にはげむ

親子のはにわ

女性を表した埴輪の中には、子どもを抱えた姿のものも発見されています。乳房がつくられていることから、女性だということがわかります。どんな目的でつくられたのかはわかりませんが、親子の愛情が感じられるでしょう。

授乳中のお母さん

赤ちゃんの顔が左乳房にくっついていることから、授乳する母親の姿を表している埴輪。このような姿の埴輪は他に例がない。下半身や右腕が失われているので、赤ちゃんを支えるのは左手しかなく、ちょっと不安定に見えてしまう。

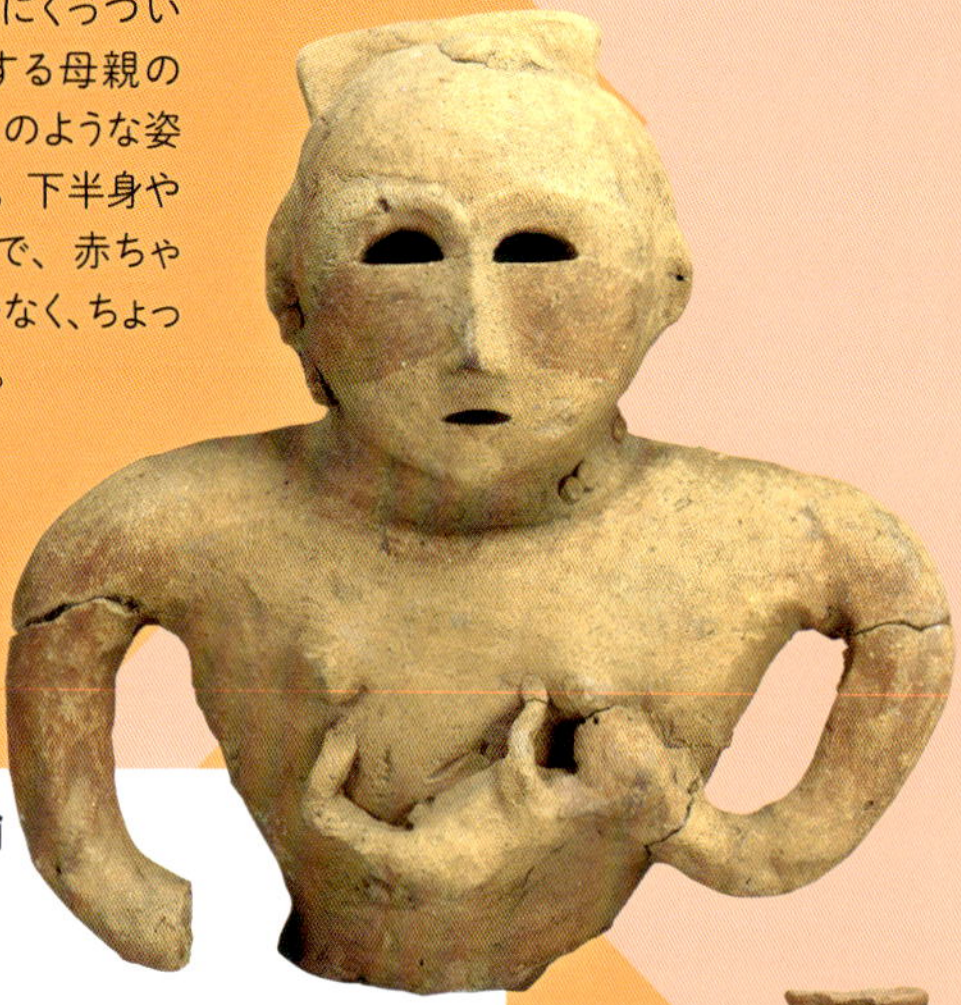

はーい
ママですよ〜

乳飲み児を抱く埴輪

年代	6世紀
高さ	27.5cm
出土場所	大平古墳群 （茨城県ひたちなか市）
所蔵	ひたちなか市教育委員会 （ひたちなか市埋蔵文化財調査センター保管）

赤ちゃんをおんぶするお母さん

正面から見るとアクセサリーをつけた女性の埴輪だが、背中を見ると子どもがピッタリと貼りついている。親の背中で安心しているのか、目を細めてすやすやと眠っているような顔だ。

よしよし、良い子ですね〜

おぎゃー

埴輪 子を背負う女子

年代	6世紀
高さ	現存高41.2cm
出土場所	鶏塚古墳（栃木県真岡市）
所蔵	東京国立博物館

頑張って働く 農夫のはにわ

高貴な人だけではなく、一生懸命働く庶民の姿も埴輪になっています。よく見つかっているのが農夫たち。鍬《くわ》や鎌などの農具を持ち、上げ美豆良《みずら》（▶P23）という下位の男性の髪型を結っています。

スンッ
これはベルトじゃなくて
刀子だよ

オシャレ農夫

イヤリングをつけてオシャレをしている農夫埴輪。腰についているのは刀子《とうす》というナイフのような刃物です。

農夫埴輪

年代	6世紀
高さ	102cm
出土場所	ヤス塚古墳（埼玉県熊谷市）
所蔵	埼玉県立さきたま史跡の博物館

Yeah！

豊作で思わず笑顔に？

左肩に鍬を担いだ埴輪。一番の特徴はニッコリと笑顔を浮かべているところ。笑顔のワケには豊作で喜んでいるという説と、魔除けのための笑顔（▶P40）だとする説がある。

埴輪 鍬を担ぐ男子

年代	6世紀
高さ	91.9cm
出土場所	赤堀村104号墳（群馬県伊勢崎市）
所蔵	東京国立博物館

POINT

農作業には笠が必須！

農夫の埴輪の多くは頭が三角形になっている。これは笠を表現しているのだと考えられる。最初の頃は頭より大きいサイズでつくられていたが、徐々に表現が簡略化され、頭にフィットした帽子のようになってしまった。

笠をかぶって
熱中症対策しないとね

埴輪 農夫

年代	6世紀
高さ	90cm
出土場所	伝天神山古墳（群馬県伊勢崎市）
所蔵	九州国立博物館

響け！埴輪のメロディー

楽器を弾くはにわ

古墳時代には琴や太鼓などの楽器があり、楽器を弾く人々の埴輪もつくられています。楽器の演奏は、神様を祀る大事な儀式で行われ、楽器を弾く埴輪はそんな儀式を再現するためにつくられたとか。古代の音楽が聞こえてきそう！

弦

一つの台座に３人の小さな巫女が乗っている珍しい埴輪。巫女たちは正座をして、手を胸の前にかざしている。わかりにくいが手のひらに一本の紐を持っていることから、楽器「弦」を弾きながら歌っている姿だとされる。まるで、古墳時代のアイドルユニットだ。

三人童女 国宝

年代	6世紀後半
高さ	101.4cm
出土場所	綿貫観音山古墳（群馬県高崎市）
所蔵	国（文化庁） （群馬県立歴史博物館提供）

POINT

琴は偉い人が弾く楽器？

琴を弾く埴輪は、その多くが下げ美《み》豆《ず》良《ら》（▶P23）という高貴な男性のヘアスタイルで、帽子やアクセサリーを身につけている。このことから琴は権力者が儀式で弾く楽器だったと推察される。

弾琴男子椅座像埴輪

年代	6世紀前半
高さ	73.5cm
出土場所	蓼原古墳（神奈川県横須賀市）
所蔵	横須賀市自然・人文博物館

琴

膝の上に琴をのせて演奏する男性の埴輪。琴は向かって右側（琴頭）から左側（琴尻）にかけて、徐々に太くなっており、しっかりと弦も5本表されていることから、よく観察してつくっているのがわかる。

埴輪 弾琴男子像 重文

年代	6世紀
高さ	72.6cm
出土場所	群馬県前橋市朝倉町
所蔵	（公財）相川考古館

お琴だって弾けるのさ

太鼓

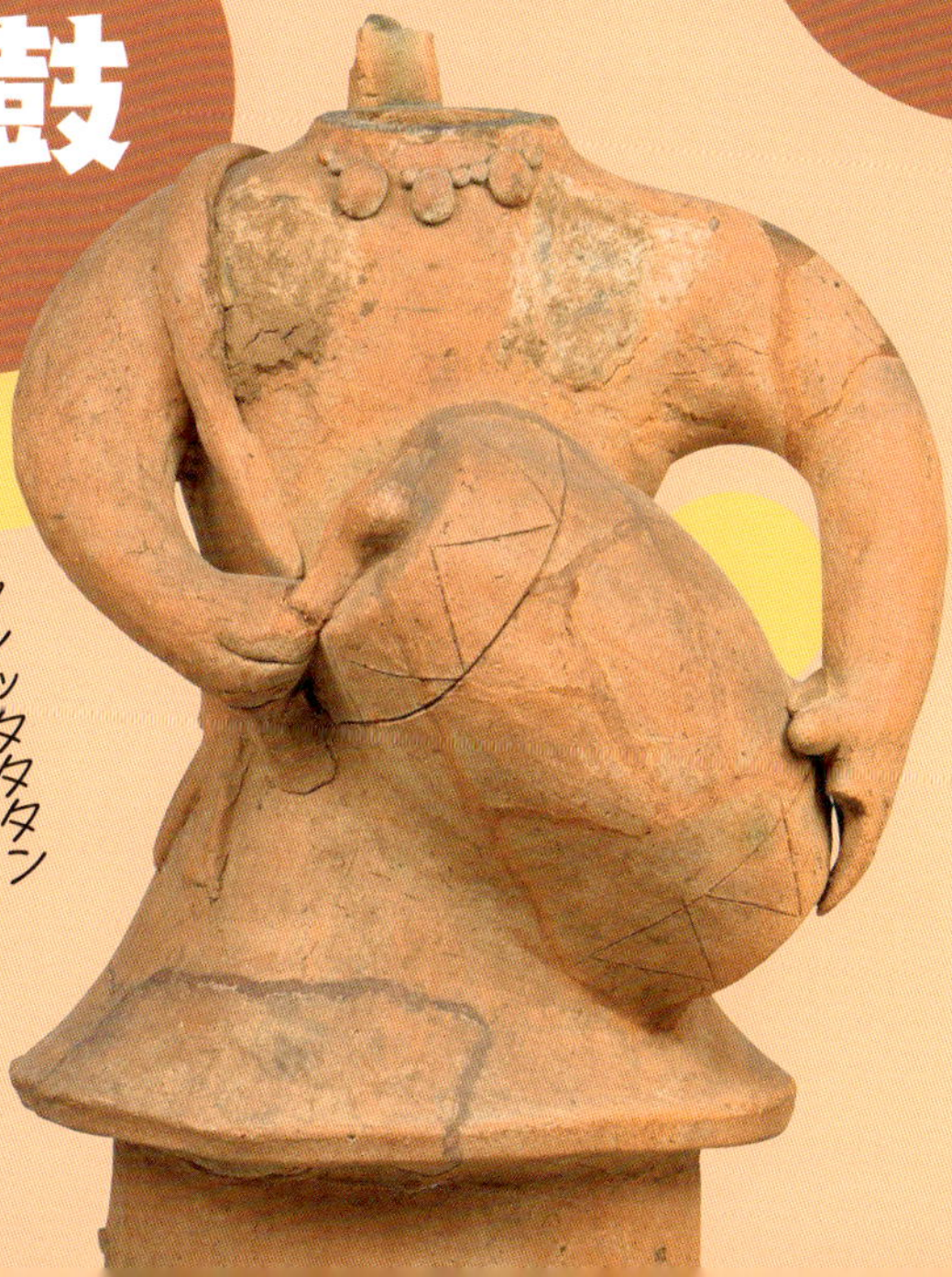
首がなくなっても
太鼓を叩く手は
止められねぇ！
タンッタタタン　タンッ
タタタタ

大きな太鼓を左脇に抱え、バチで叩いている姿の埴輪。残念ながら首から上は失われているが、男性だと推測されている。打楽器を演奏する埴輪は発見例がかなり少ないが、太鼓自体をかたどった埴輪が発見されており、古墳時代、太鼓はメジャーな楽器ではあったようだ。

埴輪 太鼓を叩く男子

年代	6世紀
高さ	58.5cm
出土場所	群馬県伊勢崎市境上武士
所蔵	東京国立博物館

異国の地からこんにちは

渡来人のはにわ

古墳時代は、朝鮮半島から日本に渡ってきた渡来人によって、たくさんの文化が伝わってきた時代。そんな渡来人をかたどったと思われる埴輪が発見されています。どことなく衣装が異国風ですよね。

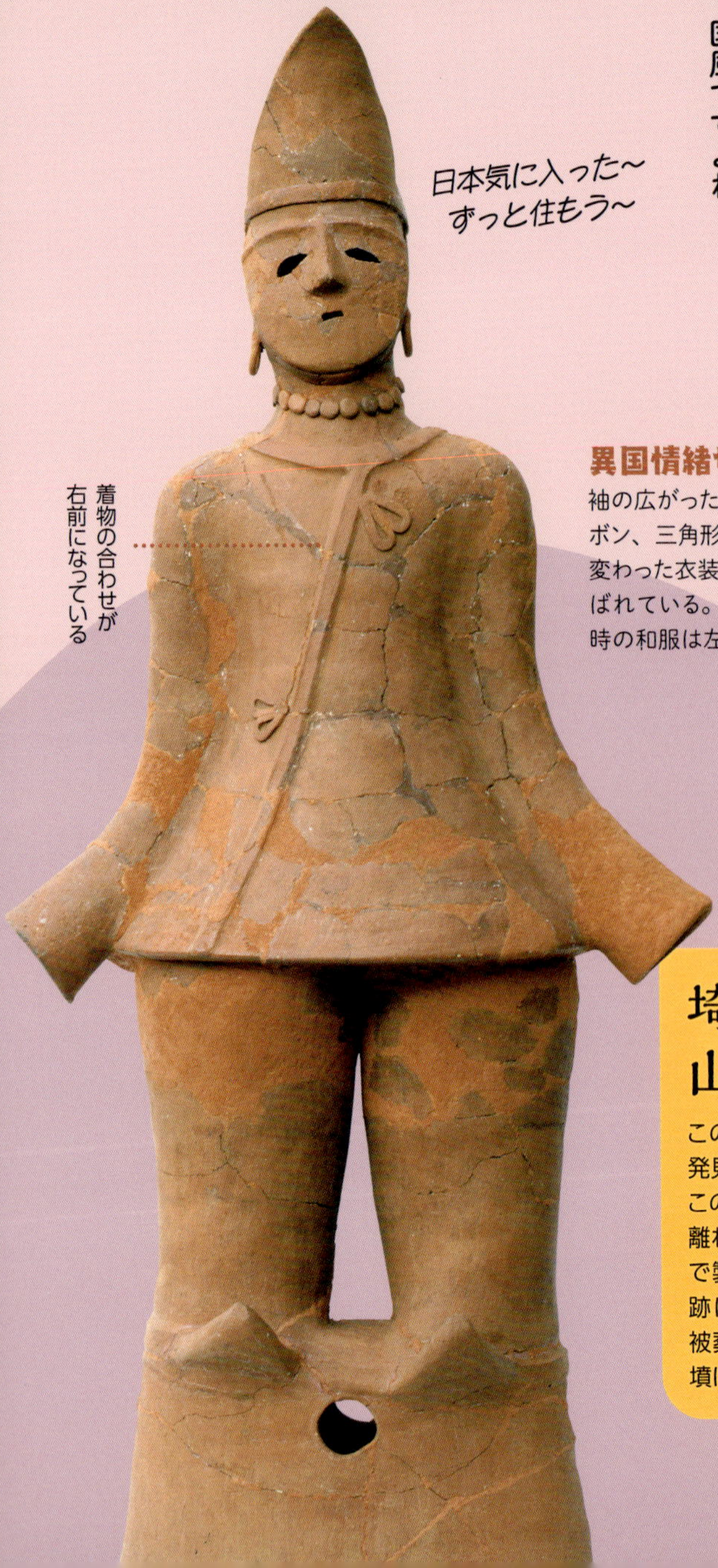
日本気に入った〜
ずっと住もう〜
着物の合わせが右前になっている

異国情緒がある衣装は渡来人の証?

袖の広がった上着、膝で絞られていないゆるっとしたズボン、三角形の冠……他の埴輪たちと比べて明らかに変わった衣装を着ていることから「渡来人の埴輪」と呼ばれている。よく見ると、上着の合わせが「右前（当時の和服は左前が基本）」になっているのも特徴である。

筒袖表現の全身像人物埴輪

年代	6世紀末
高さ	120cm
出土場所	山倉1号墳（千葉県市原市）
所蔵	市原市教育委員会 （市原歴史博物館保管）

POINT

埼玉から千葉に輸送された山倉1号墳の埴輪

この埴輪は千葉県の山倉《やまくら》1号墳で発見された。ところが研究の結果、この埴輪は、古墳から80km 以上離れた生出塚《おいねづか》遺跡（埼玉県鴻巣市）で製造されたことが判明。この遺跡には関東屈指の埴輪窯があり、被葬者は名産地の埴輪を自分の古墳に飾りたかったのかもしれない。

埼玉県
茨城県
埴輪が生産された生出塚遺跡の埴輪窯
東京都
千葉県
神奈川県
埴輪が置かれた山倉1号墳

もっと知りたい

渡来人ってどんな人？

古墳時代の朝鮮半島は、高句麗《こうくり》・百済《くだら》・新羅《しらぎ》という3つの大国と、伽耶《かや》という小国が連合した地域があり、各国間で争いが起きていました。その戦乱から日本（倭《わ》）に逃れてきたのが、渡来人です。渡来人たちは、金属加工技術や馬、新しい土器、機織り、土木技術、そして漢字など、技術・文化・制度を日本に伝えました。

古墳時代の頃の朝鮮半島の地図

当時の朝鮮半島は3つの国が領土争いを繰り返していた。日本は「倭」と呼ばれ、とくに朝鮮半島南の百済や伽耶と頻繁に交流していた。

渡来人が日本に伝えたもの

須恵器《すえき》

渡来人が伝えた土器。これまで日本でつくられていた土器よりも、薄くて壊れにくい。

食べ物を盛る高杯

鉄の板をつないでつくった鎧

金属加工技術

鉄製の武器や防具、金製のアクセサリーなど、金属の加工技術が伝来。これらの金属製品は古墳からも出土している。

金の耳飾り

馬

日本列島には馬が生息しておらず、馬や乗馬、畜産の方法は渡来人が伝えた。

馬形埴輪

（▶P49）

※写真はすべて東京国立博物館所蔵

神聖な儀式
力士のはにわ

人物埴輪の中には上半身が裸で、ふんどし一丁の姿のものがあります。この格好といえば、そう、力士！ 古来、力士が踏む四股には、魔を払う力があったと考えられ、儀式で行われました。逆に今のような競技相撲はしなかったみたい。

はっけよい！

張り手がすごいぞ！

お腹がでっぷりとしていてりっぱな体つきの力士埴輪。手首に鈴をつけており、まるで手袋をはめているかのように大きな手が特徴。

人物埴輪（力士）

年代	6世紀前半
高さ	100cm
出土場所	今城塚古墳（大阪府高槻市）
所蔵	高槻市立今城塚古代歴史館

どすこーい！

やる気満々の力士

頭に髷を結い、右手を挙げてポーズを取る力士埴輪。この埴輪は地元の少年によって偶然発見され、これをきっかけに原山《はらやま》古墳群の調査が始まった。

力士像埴輪

年代	5世紀後半
高さ	62cm
出土場所	原山1号墳（福島県泉崎村）
所蔵	泉崎村教育委員会（泉崎資料館保管）

のこった！のこった！

じつはレア！ 坊主の埴輪

坊主頭がチャームポイントの力士の埴輪。顔には赤いラインが残っており、耳飾りをつけていて、とってもオシャレ。足にはトゲがついているが、何に使うものかはわからない。

力士埴輪

年代	6世紀
高さ	不明
出土場所	登山1号墳（神奈川県厚木市）
所蔵	厚木市（あつぎ郷土博物館保管）

顔だけでも魅力的！

顔だけのはにわ

埴輪の中には長い間土の中に眠っていたため、顔だけしか見つかっていないものも多くあります。それでも豊かな表情には、魅力が詰まっています。

古代人は入れ墨をしていた？

埴輪の顔には線が刻まれていることがあるが、これは入れ墨を表したものだという。中国の歴史書『魏志倭人伝《ぎしわじんでん》』には「男は入れ墨をしていた」という記述もあり、古代日本人にとって入れ墨は身近なものだったのだ。

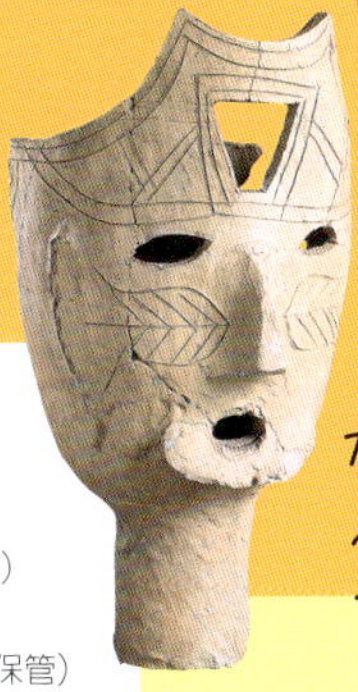
矢羽根形の模様がカックイ～

盾持人埴輪（頭部）

年代	6世紀前半
高さ	42.3cm
出土場所	羽子田1号墳（奈良県田原本町）
所蔵	田原本町教育委員会（唐古·鍵考古学ミュージアム保管）

どっちが前？

両面人物埴輪

年代	6世紀前半
高さ	19.5cm
出土場所	大日山35号墳（和歌山県和歌山市）
所蔵	和歌山県立紀伊風土記の丘

不思議な両面埴輪

顔の裏にまた別の顔がついた、世にも奇妙な両面埴輪。日本最古の歴史書『日本書紀』には、2つの顔を持つ怪物・両面宿《りょうめんすく》儺《な》の記述があり、それとの関連性も問われている。

にっこり
守りたいこの笑顔

みんなを笑顔で見守る

「笑う埴輪」の愛称で親しまれ、2018年に群馬県で行われた埴輪の人気投票で1位を獲得した埴輪。笑顔には魔除けの効果があるとされたため、この埴輪も魔除けの儀式に従事する人をかたどったのかもしれない。

笑う埴輪

年代	6世紀後半
高さ	72cm
出土場所	下毛田遺跡（群馬県藤岡市）
所蔵	藤岡市教育委員会（藤岡歴史館保管）

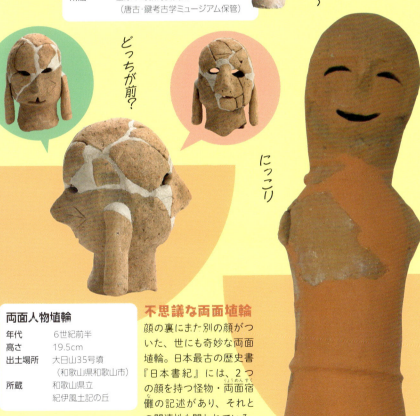

古墳を守るガードマン！

盾持ち人はにわ

変わり種の人物埴輪として、盾を持って古墳を守る「盾持ち人」の埴輪があります。盾に顔がついたような形で、腕や足、服が省略されているため、そのフォルムはちょっとヘン。そのため器財埴輪（▼P75）の一種とされることも。しかし表情はコミカルで、独特の雰囲気をかもし出していますね。

笑顔で魔を吹き飛ばす！

POINT

見ている私たちが思わずにっこりしてしまう、笑顔の埴輪たち。しかし古墳時代、笑顔には友好を意味するだけではなく、魔を払うパワーがあると考えられていた。そのため古墳を守る盾持ち人埴輪には笑顔のものが見つかっているのだ。

埴輪 盾持人

年代	6世紀
高さ	99.5cm
出土場所	群馬県太田市薮塚町若水塚
所蔵	東京国立博物館

怪しい笑顔？
そんなことないですよぉ～？

最高のスマイルで
お出迎え～～

最高のスマイルで敵を追い返す

前の山古墳の石室の入り口付近で発見された埴輪。3つとも大きな耳と鼻が特徴的で、口角を上げて笑っているように見える。口には何かがはめこまれていた跡があり、白い石をはめて歯を表現していたのではないかと考えられている。

盾持人物埴輪

年代	6世紀後半
高さ	（中央）116cm
出土場所	前の山古墳（埼玉県本庄市）
所蔵	本庄早稲田の杜ミュージアム

盾持ち人埴輪大集合!

群馬県の保渡田《ほどた》八幡塚《はちまんづか》古墳（►P88）の外側の堤には、円筒埴輪の列に交ざって盾持ち人埴輪が並んでいた。いずれも口をへの字にし、見る者にプレッシャーを与えている。頭の形は三角帽子や、トウモロコシのひげのようなもの、ツノのようなものなど、個性豊かでおもしろい。

盾持ち人埴輪

年代	5世紀後半
高さ	76.4〜102.8cm
出土場所	八幡塚古墳（群馬県高崎市）
所蔵	かみつけの里博物館

撮影=Ogawa

八幡塚古墳の外堤に復元された盾持ち人埴輪。この他にも、八幡塚古墳には大量の円筒埴輪が復元されている。

もっと知りたい

はにわと土偶の違い

遺跡から発掘される人形として、混同されがちな埴輪と土偶《どぐう》ですが、じつはまったく別のもの。古墳時代につくられた埴輪に対して、土偶がつくられたのは縄文時代。そもそもつくられた時代が違うのです。ここでは土偶と埴輪の違いについて深掘りしましょう。

土偶は縄文時代、埴輪は古墳時代

埴輪の製造時期は 3 ～ 6 世紀末の古墳時代だが、土偶はそれより数千年前の縄文時代。まったく時代が違う。つまり土偶は埴輪の大先輩なのだ。

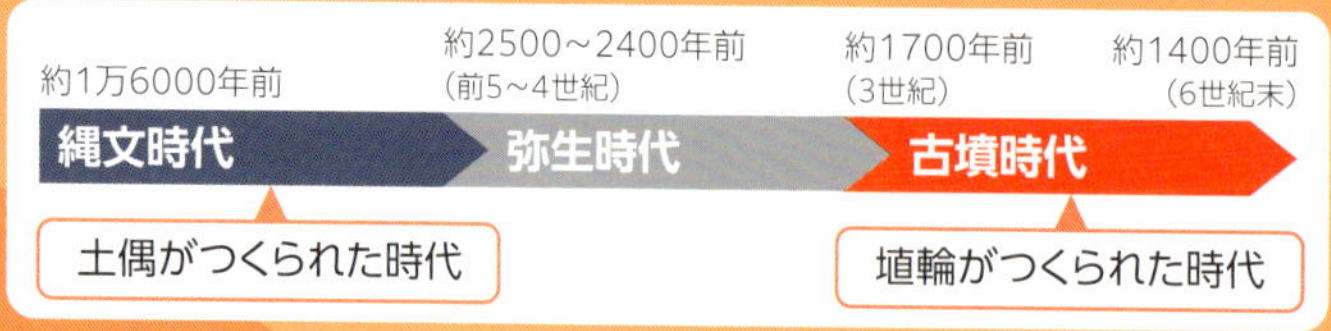

約1万6000年前
約2500～2400年前
(前5～4世紀)
約1700年前
(3世紀)
約1400年前
(6世紀末)
縄文時代
弥生時代
古墳時代
土偶がつくられた時代
埴輪がつくられた時代

埴輪
俺は6世紀に誕生！
埴輪のほうが土偶より
ずっと後につくられたんだよ
挂甲の武人
▶P16

高さ
45cm

土偶 縄文の女神 国宝

年代	縄文時代中期（約4500年前）
高さ	45cm
出土場所	西ノ前遺跡（山形県舟形町）
所蔵	山形県立博物館

土偶は小さい、埴輪は大きい

パッと見でわかる埴輪と土偶の違いは、埴輪は土偶より圧倒的に大きいということだ。土偶は大体が 2cm ～ 40cm ほどで、最大級とされる「土偶 縄文の女神」でも高さ 45cm。一方、埴輪は 1m 以上あるものも多く、最大の埴輪は 2m 以上の高さがある（▶P78）。

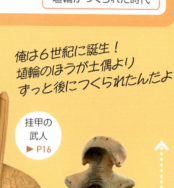

土偶は女性だけ？ 埴輪は性別も形も様々！

ふっくらしたお腹や乳房などの造形から、土偶は基本的に女性を表したものとされる。これは土偶が子孫繁栄の儀式に使われたからだと考えられる。一方埴輪は、髪型から男女の別がわかるほか、動物や家や船など人物以外にも様々な物をかたどっていて、バリエーションが豊富だ。

妊娠した女性をかたどっているの

土偶 縄文のビーナス 国宝

年代	縄文時代中期（約5000年前）
高さ	27cm
出土場所	棚畑遺跡（長野県茅野市）
所蔵	茅野市尖石縄文考古館

土偶は儀式で使う呪具
埴輪は古墳に並べる装飾品

土偶は、魔除けや豊作、子孫繁栄を願ってつくられ、おもに祭祀や儀式で使われていたようだ。また、土偶は意図的に壊されたと思われるものが多く見つかっている。諸説あるが、縄文時代の人々はあえて土偶を壊すことで願いを込めていたのかもしれない。一方、埴輪は古墳を守る、または古墳の装飾品としてつくられた。

壊された痕跡が見られる発掘時の「土偶 仮面の女神」。（茅野市尖石縄文考古館提供）

サングラスが特徴的な土偶

遮光器《しゃこうき》（サングラス）をつけているような見た目で有名な土偶。当然縄文時代に遮光器はないので、これは目を強調する模様である。頭の造形は、髪を束ねた様子だとされる。

遮光器土偶 重文

年代	縄文時代晩期（前1000～前400年）
高さ	34.2cm
出土場所	青森県つがる市木造亀ヶ岡
所蔵	東京国立博物館

土偶

私は埴輪より1000年以上前につくられたのさ

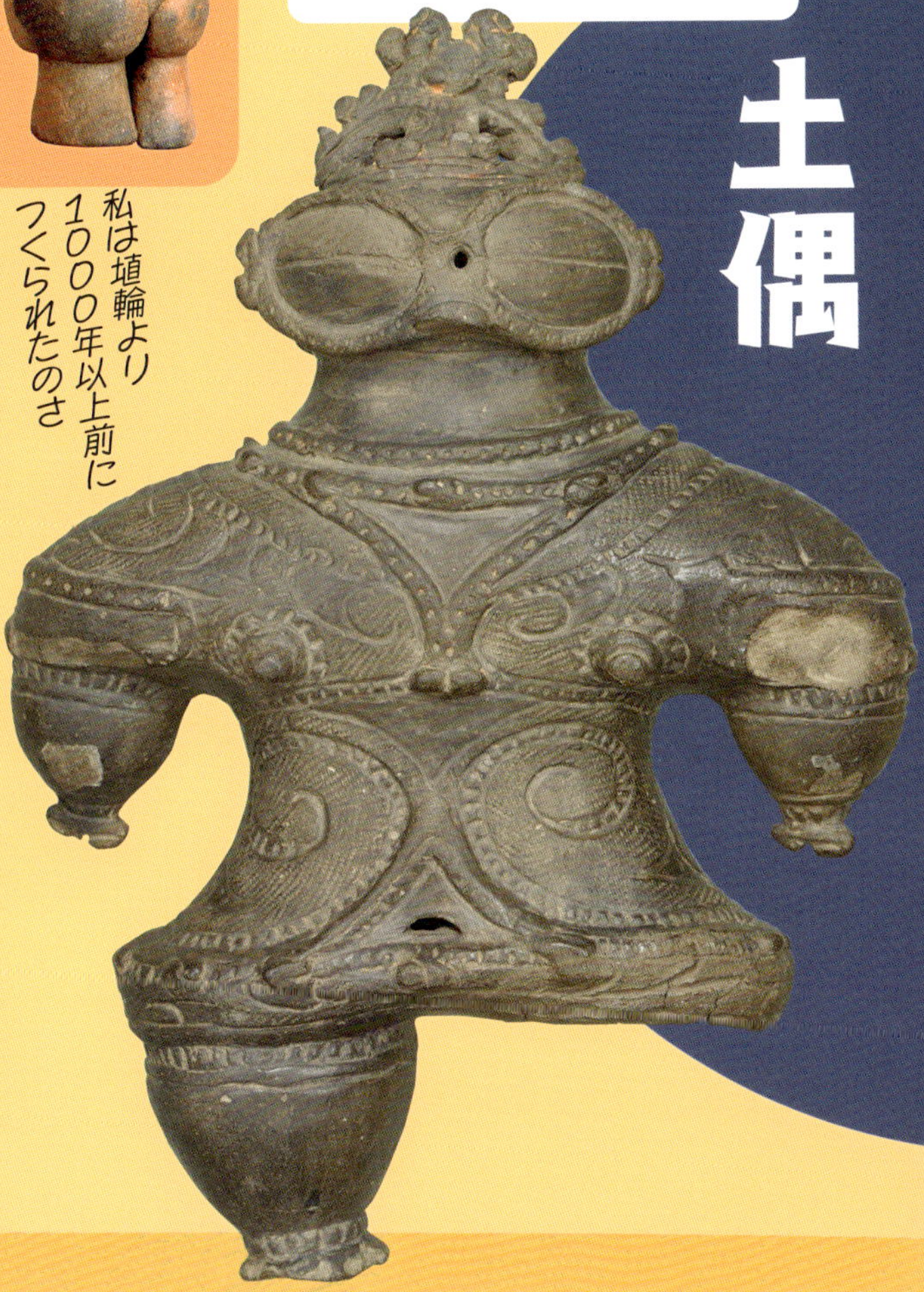

もっと知りたい

東西のはにわの違い

人物埴輪が登場したのは5世紀頃、ヤマト政権の大王の墓とされる仁徳天皇陵古墳（▼P8、大阪府堺市）から出土したものが最古だといわれています。ヤマト政権のシンボルである前方後円墳が各地で築かれると、それに合わせて人物埴輪づくりも全国に拡大。当初はヤマト政権の埴輪を真似してつくっていたため、人物埴輪の様式に地域差はあまりなかったようです。

6世紀に入ると西日本では政治制度の整備を重視し、前方後円墳や人物埴輪は衰退。一方、関東地方では前方後円墳ブームはまだまだ終わらず、埴輪づくりもどんどん発展。その結果、西日本よりも東日本の方がバラエティに富んだ埴輪が生まれました。

西日本の巫女はシンプル

東の巫女と比べるとイヤリングなどの装飾品も少なく、ネックレスも簡素なものになっている。服装も袈裟《けさ》状のシンプルな祭服だ。

巫女形埴輪

年代	古墳時代後期
高さ	71.3cm
出土場所	塩谷5号墳（京都府京丹波町）
所蔵	（公財）京都府埋蔵文化財調査研究センター

西日本
あなた、ちょっとハデすぎるんじゃない？
巫女

東日本
さて、儀式のためにオシャレしないと！

東日本の巫女はハデなファッション

左手に坏を持つ巫女を表した埴輪。衣装全体に三角形などの幾何学模様があしらわれ、大きなアクセサリーをつけており、全体的にハデだ。

埴輪 杯を捧げる女子

年代	6世紀
高さ	87.5cm
出土場所	上芝古墳（群馬県高崎市）
所蔵	東京国立博物館

椅子に座る王

冠以外で威厳を示す西日本の王

西日本の王の埴輪の多くが冠をかぶっていない。さらにこの埴輪は装飾品もつけず、服装もシンプル。しかし背筋をのばして椅子に座るたたずまいに、王の威厳を感じる。

椅子に座る男性埴輪

年代	5世紀後半
高さ	75.5cm
出土場所	石見遺跡(奈良県三宅町)
所蔵	奈良県立橿原考古学研究所附属博物館

西日本

椅子には直弧文という魔除けの模様が刻まれている。

東日本

王冠がりっぱな東日本の王

これぞ王冠!という形のギザギザの立派な冠や、左手ににぎった倭風大刀から、王の威厳を感じる埴輪。首飾りや全身の水玉模様など、細部の装飾もオシャレで凝っている。

盛装男子埴輪 重文

年代	6世紀
高さ	74.9cm
出土場所	群馬県高崎市八幡原町
所蔵	天理大学附属天理参考館

関東の埴輪は一癖あり?

POINT

関東では、ヤマト政権でつくられた埴輪の様式を模倣することだけにとらわれず、地域の特色などを反映しながら、バラエティ豊かな埴輪がつくられた。たとえば漁業が盛んだった千葉県では魚形の埴輪(▶P60)が発見されている。右の写真は埼玉県東松山市で発見された埴輪で、なぜか鳥形の帽子をかぶっている。

こっちにおいで~

水鳥を冠した人物埴輪

年代	6世紀
高さ	65cm
出土場所	岩鼻23号墳(埼玉県東松山市)
所蔵	東松山市埋蔵文化財センター

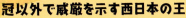

第2章
動物のはにわ

埴輪の世界には人物のみならず、様々な生き物をあしらった動物埴輪もあります。

動物の中でも一番初めにつくられたのがニワトリの埴輪。ニワトリは古くから朝を知らせる神聖な鳥として、身近な存在でした。その後、白鳥などの水鳥の埴輪もつくられるようになります。

5世紀後半頃、犬やイノシシなど、ようやく哺乳類の埴輪がつくられ始めました。なかでも人気だったのが馬の埴輪。馬が日本に伝来したのは古墳時代で、権力者はこぞって馬を飼うようになり、馬が権威のシンボルになったからです。

他にもムササビや魚など、特殊な動物の埴輪も。日本列島には昔から豊かな自然があったんですね！

エライ人の権威の象徴
馬のはにわ

埴輪の中で、最もたくさんつくられた動物は、馬です。

そもそも日本には馬が生息しておらず、古墳時代に朝鮮半島からやってきた渡来人（▼P37）が日本に馬を伝えました。当時の人々にとって馬は最速の移動手段であり、重い荷物を運んでくれる画期的な存在。そのため権力者はこぞって馬を飼育するようになり、日本でも馬の生産が始まりました。

なぜ馬の埴輪がたくさんつくられたのか。それは権力者にとって馬は大事な財産であり、飼っている馬の数が権力者のパワーを示すものだったからです。

日本一？　ゴージャスな馬

馬の埴輪は、馬具をつけており、りっぱなタテガミがあるのが一般的。とくにこの埴輪はしっぽの先まで飾りつけられた豪華版。タテガミも胸までのびていてボリューミーだ。ここまでつくり込まれた馬形埴輪は珍しい。

馬形埴輪

年代	5世紀
高さ	81cm
出土場所	石薬師東古墳群63号墳（三重県鈴鹿市）
所蔵	三重県埋蔵文化財センター

もっと知りたい

古墳時代の馬具

馬形埴輪を見ると、古墳時代の馬がどんな馬具を身につけていたかがよくわかります。鞍《くら》や手綱《たづな》など、今も乗馬の際に必要な馬具が備わっていますが、それ以上に注目したいのが、面繋《おもがい》などの装飾品。これらの装飾品は古墳から実物が出土しており、いずれもかつて金ピカだったと推定されています。

馬形埴輪	重文
年代	6世紀
高さ	87.5cm
出土場所	埼玉県熊谷市上中条
所蔵	東京国立博物館

古墳時代の馬のリアルな姿

基本的な装備の他、全身に飾りつけがされている馬の埴輪。馬具の細かいディテールもさることながら、とがった耳や長い脚、のびた顔の形もとてもリアルだ。

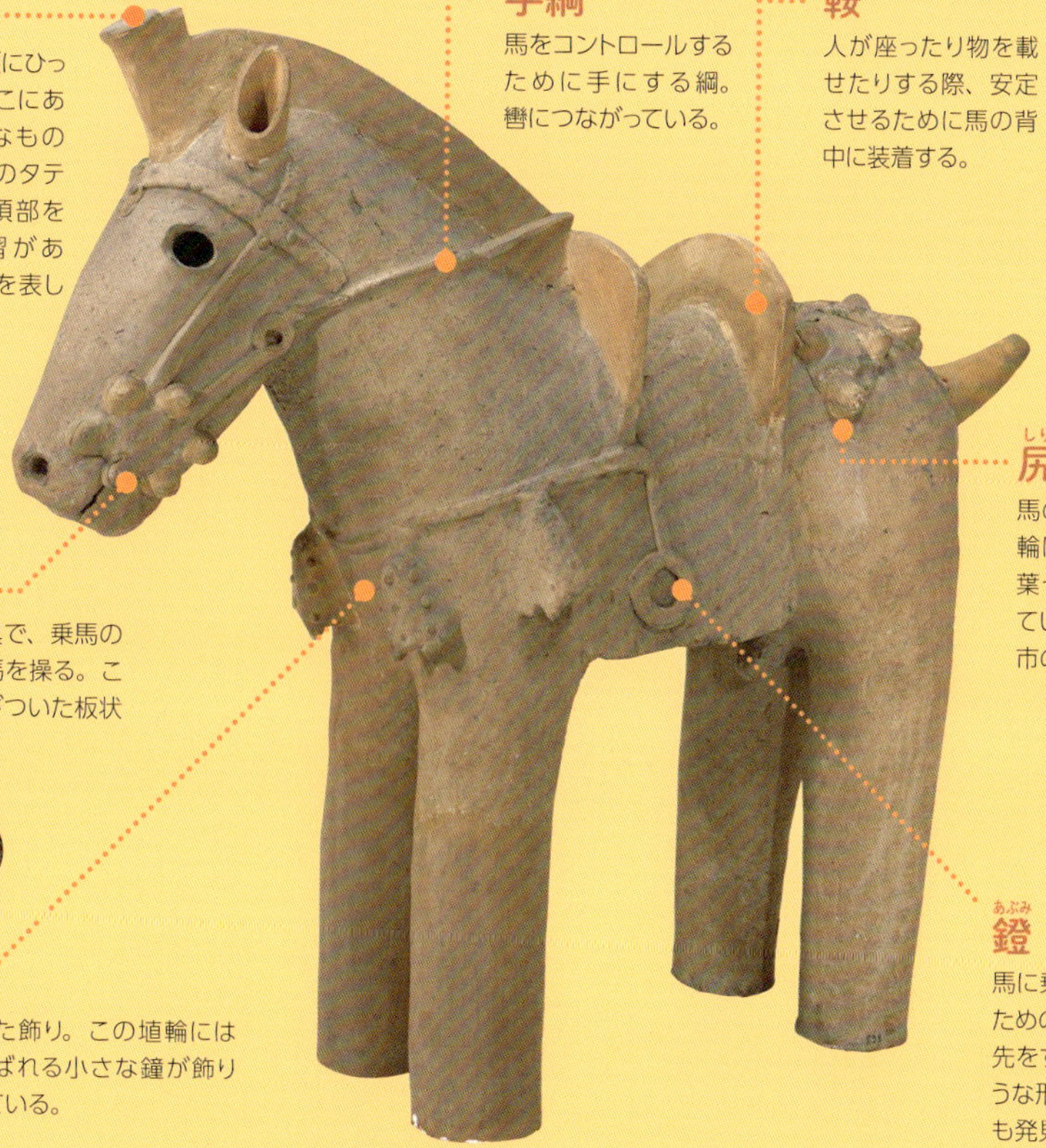

面繋

轡を固定するために馬の頭にひっかける綱。ちなみにおでこにあるツノのようなものは当時は馬のタテガミの頭頂部を結ぶ風習があり、それを表している。

ツノじゃなくて
タテガミだよ

手綱

馬をコントロールするために手にする綱。轡につながっている。

鞍

人が座ったり物を載せたりする際、安定させるために馬の背中に装着する。

尻繋《しりがい》

馬のお尻につける装飾。この埴輪は尻繋に「杏葉《ぎょうよう》」と呼ばれる葉っぱの形の飾りと、鈴をつけている。下の写真は奈良県桜井市の古墳で見つかった杏葉。

鏡板《かがみいた》つきの轡《くつわ》

轡は馬の口に噛ませる馬具で、乗馬の際は轡からのびる手綱で馬を操る。この馬形埴輪の轡には、鈴がついた板状の飾りがあしらわれている。

胸繋《むながい》

胸についた飾り。この埴輪には馬鐸《ばたく》と呼ばれる小さな鐘が飾りつけられている。

鐙《あぶみ》

馬に乗る際、足をかけて踏ん張るための馬具。輪の形以外にも、足先をすっぽりとおおうスリッパのような形の鐙も発見されている。

※写真はすべてColBase：国立文化財機構所蔵品統合検索システムより引用。

馬形埴輪

年代	5世紀後半
高さ	50.4cm
出土場所	白藤V-4号墳（群馬県前橋市）
所蔵	前橋市教育委員会（粕川歴史民俗資料館保管）

謎の蛇《だ》行《こう》状《じょう》鉄《てっ》器《き》

POINT

「蛇行状鉄器」は全国の古墳で10点ほど発見例のある、ぐにゃぐにゃの鉄棒。見た目からは用途がわからず、謎の発掘品だった。ところが「旗を立てた馬形埴輪」が発見されると、鞍の部分に蛇行状鉄器に似たパーツがついていることが判明。こうして鉄器は馬に旗竿を立てる金具だと判明した。

実際に見つかった蛇行状鉄器。（東京国立博物館所蔵）

あのゆるキャラにそっくり!?

つぶらな瞳、短い足、まんまるとした体がカワイイ馬形埴輪。本来の馬は顔の両サイドに目があるが、この埴輪は両目が正面についている。そんな特徴的な顔立ちから、地元群馬県ではご当地キャラ「ぐんまちゃん」に似ているとして話題になった。ちなみに群馬県は馬形埴輪の出土件数日本一。昔から“馬が群れる”地域だったのだ。

群馬のアイドル「ぐんまちゃん」の実写版!?

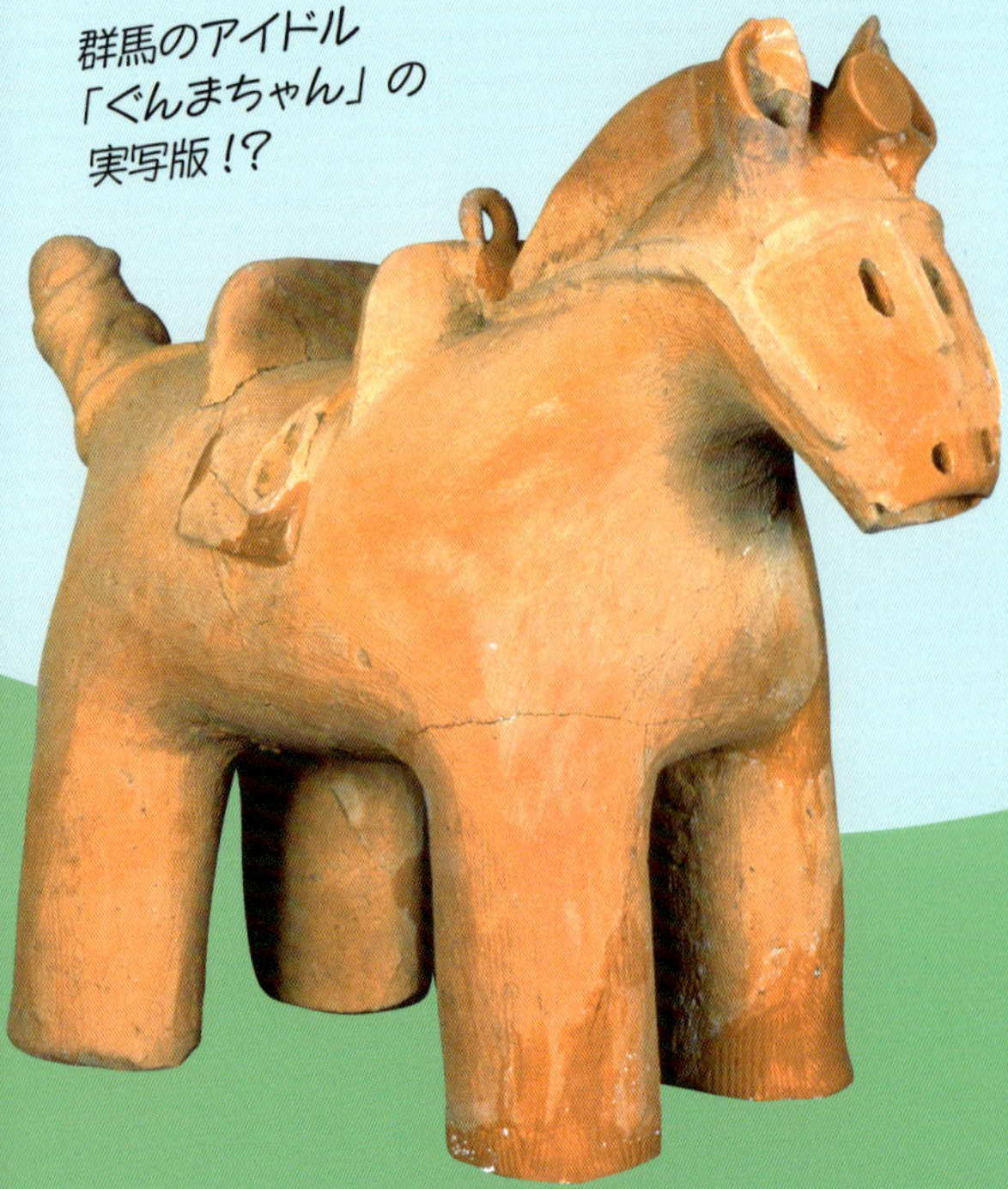

唯一無二の旗つき馬

顔や足が長くスラっとした馬形埴輪。その最大の特徴が鞍の後ろからのびたギザギザの旗！　旗を差している馬形埴輪はこれが唯一であり、朝鮮半島にあった馬に旗を差す文化が、日本にも伝来していた証となった貴重な埴輪である。

差さった旗がCOOL！

旗を立てた馬形埴輪　重文

年代	6世紀後半
高さ	74.5cm
出土場所	酒巻14号墳（埼玉県行田市）
所蔵	行田市郷土博物館

武装はしてないけど
タテガミが素敵だろ？

裸馬の埴輪 重文

年代	6世紀後半
高さ	約100cm
出土場所	甲塚古墳（栃木県下野市）
所蔵	下野市教育委員会 （しもつけ風土記の丘資料館保管）

あえてのノーガード！

馬の埴輪は鞍などの馬具をつけて武装しているのが一般的だが、この馬形埴輪は轡を口につけているだけの裸馬だ。もしかしたら出荷前の馬の姿だろうか。当初は白色に着色された白馬だったと考えられている。

赤ちゃんでも
他の埴輪に負けないぞ！
よち
よち

子馬形埴輪

年代	6世紀
高さ	27cm
出土場所	忍ケ丘駅前遺跡（大阪府四條畷市）
所蔵	四條畷市教育委員会 （四條畷市立歴史民俗資料館保管）

かわいい子馬ちゃん♡

全国で唯一の子馬形埴輪で、四條畷市の指定有形文化財に指定されている。普通の馬形埴輪と比べて体がとても小さく、タテガミもない。よちよちと短い足で歩く姿を想像すると、とにかくキュートだ。

裸馬や子馬の埴輪はなぜつくられた？

POINT

馬形埴輪は馬具をたくさんつけた立派な姿が一般的。ところが、ごくまれに裸馬や子馬の埴輪が発見されている。これらの埴輪は、古墳に祀られた権力者の“馬ビジネスの成功実績“をアピールするためにつくられたと推定されている。当時、馬は全国で需要があったため、馬を育てて各地に出荷することで、財をなす権力者もいた。彼らは自らの経済的手腕の象徴として、商品である裸馬や子馬を、埴輪で再現したのだろう。

子馬形埴輪の出土状況。（四條畷市教育委員会提供）

人が乗る馬のはにわ

馬形埴輪の中には、人が乗っているバージョンのものがあります。しかし全国で20例ほどしか見つかっておらず、とてもレアです。なお、人のサイズが小さくつくられていますが、昔の馬がこれほど大きかったわけじゃないので注意！

人が乗る馬形埴輪

年代	6世紀前半
高さ	70.4cm
出土場所	高林西原古墳群（群馬県太田市）
所蔵	太田市教育委員会 （群馬県立がんセンター保管）

人が乗っているが、鞍などの馬具をつけていない裸馬だ。人が小さすぎるのか、馬が大きすぎるのか、ちょっとバランスが変だが、これは“主役は馬だ”というアピールではないかと考えられている。

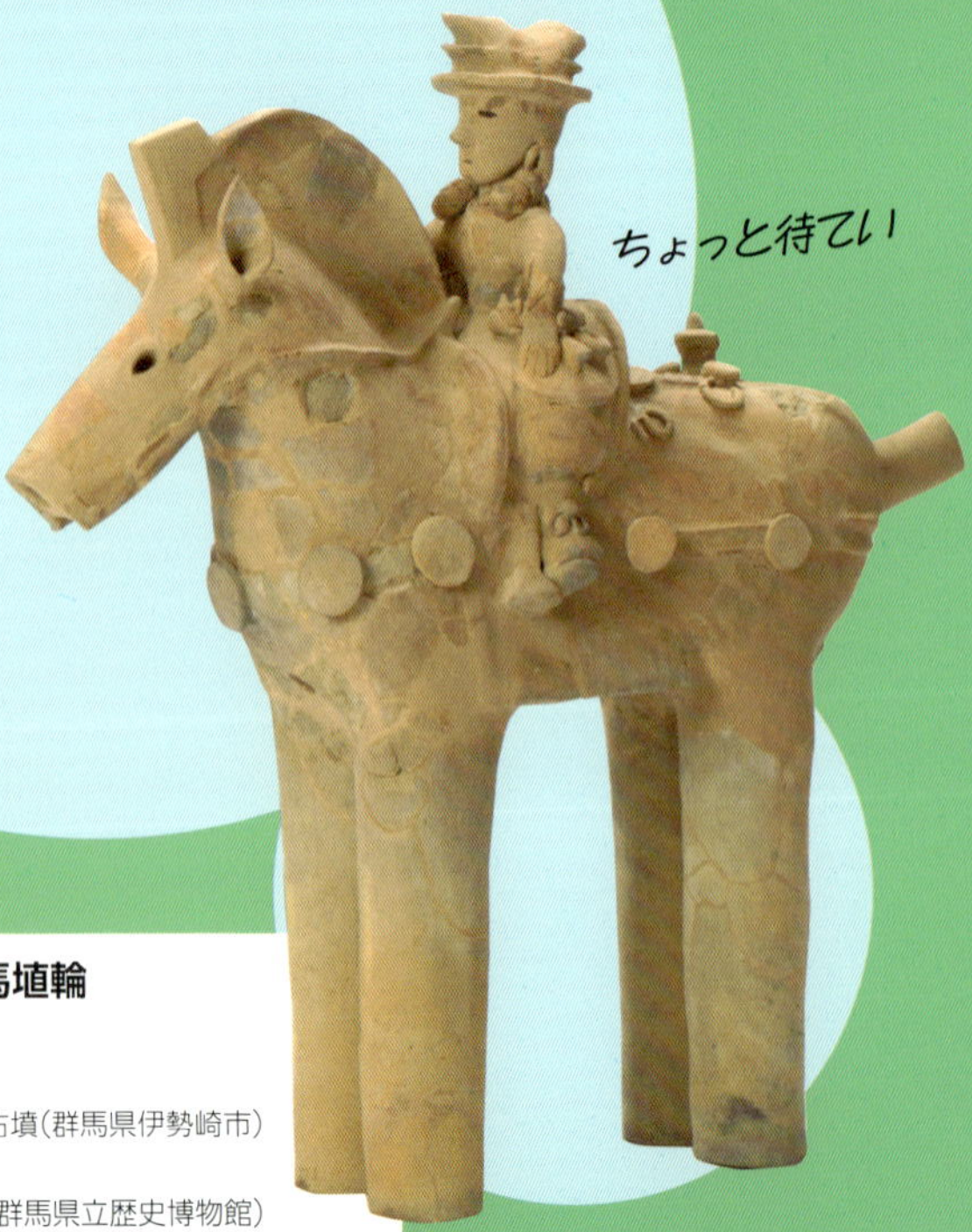

左腰に刀をさげ、冠をかぶったえらい人が、じゃらじゃらと飾りをつけた馬に乗っている。盛装した人が乗る馬形埴輪はこれを含め2例しか見つかっていない。

盛装した人が乗る馬埴輪

年代	6世紀後半
高さ	112.6cm
出土場所	雷電神社跡古墳（群馬県伊勢崎市）
所蔵	大林寺 （写真提供：群馬県立歴史博物館）

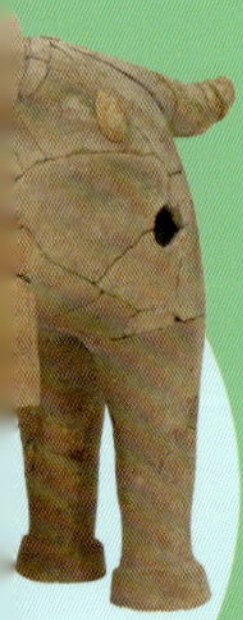

馬曳き人と馬のはにわ

古墳時代、馬の世話や手綱を引く係の「馬《うま》曳《ひ》き人（馬《ま》子《ご》）」がいました。古墳からは手をあげて馬を連れた馬曳き人の埴輪も出土しています。

こっちついてきな〜

撮影＝奈良文化財研究所・中村一郎

この埴輪の馬曳き人は、笠のような三角形の帽子をかぶっているのが特徴。腰から出ている突起は鎌を表現している。鎌は馬のエサとなる道草を刈るのに使用されたため、馬曳き人の埴輪はよく鎌を装着している。

馬子と馬形埴輪 重文

年代	6世紀後半
高さ	（馬）133.5cm
出土場所	姫塚古墳（千葉県横芝光町）
所蔵	芝山仁王尊·観音教寺 （芝山町立芝山古墳·はにわ博物館保管）

がっしりとした体つきに、りっぱなタテガミを持ち、全身に飾りがついている馬の埴輪。その隣からは、左手をあげて馬の手綱をにぎっている、小さな馬曳き人の埴輪が見つかった。がんばって育てたのだろう。

俺の馬カッケー！

馬形埴輪·馬曳人物埴輪

年代	6世紀前半
高さ	（左の馬）73.3cm
出土場所	笹鉾山2号墳（奈良県田原本町）
所蔵	田原本町教育委員会 （唐古·鍵考古学ミュージアム保管）

犬のはにわ

健気な姿が魅力

しっぽは短くくるんと巻いて表現している。柴犬や秋田犬など日本犬に共通する特徴だ。

ペロッと舌出しがなんともキュート

大きな口からはみ出ているのは、だらんと垂れた舌！　狩りで息が上がってしまったのかもしれない。よく見ると首輪を巻いており、現代の私たちが知る犬と変わらない姿が表現されている。

犬形埴輪

年代	6世紀
高さ	47.1cm
出土場所	剛志天神山古墳（群馬県伊勢崎市）
所蔵	東京国立博物館

愛くるしい姿に、つぶらな瞳……見ているだけで癒される犬の埴輪。現代でもペットとして大人気の犬ですが、縄文時代から狩りのパートナーとして人間と共生を始め、古墳時代以降も狩猟犬として身近な動物でした。そのことから、犬の埴輪はイノシシやシカの埴輪とともに並べられ、狩猟を表現するものとして置かれていたようです。

猫の埴輪はない?

かわいい犬の埴輪がたくさんある一方で、猫の埴輪は今のところ発見されていない。最新の研究だと、猫が日本に存在したのは弥生時代からなので、つくられていてもおかしくないが……猫派の読者の方にとってはちょっと残念かもしれない。ちなみに、ネズミやタヌキの埴輪も見つかっていない。

にゃいよ!

独特の姿勢が気になる…

首をすくめているように見える、狩りをするにはなんとも気弱な雰囲気がただよう埴輪。可愛さ抜群のくるんと巻いたしっぽは、犬形埴輪の特徴の一つだ。

犬形埴輪

年代	5世紀中頃
高さ	不明
出土場所	仁田埴輪窯跡（佐賀県唐津市）
所蔵	佐賀県

ココ掘れワンワン!

埴輪犬

年代	6～7世紀
高さ	41.2cm
出土場所	伝茨城県東海村外宿
所蔵	奈良国立博物館

くるんっ
すごい
ストレートネック!
ちょっと狩り
怖いなぁ…

人懐っこさがすごい!

「ワンワン!」と鳴き声が聞こえてきそうな上目遣いが魅力的な埴輪。胴体は見つかっていないが、揃えた前足とあどけない表情から人懐こさを感じる。佐賀県の重要文化財に指定されている。

狩猟の獲物といえばこの動物

イノシシのはにわ

イノシシの埴輪は犬の埴輪と異なり、つぶれた鼻が特徴。また、矢傷を負った姿のものが多く、狩猟の獲物として表現されたのだと考えられています。その理由に、イノシシは多産なため子宝の象徴であったこと、古くから荒ぶる山の神として信仰されていたことが挙げられます。

まるまる太ったイノシシ

足が太く、全体的にずんぐりとした体つき、そしてつぶれた鼻からイノシシだと判断された埴輪。同じ古墳から犬の埴輪も出土しており、狩猟の獲物と考えられている。

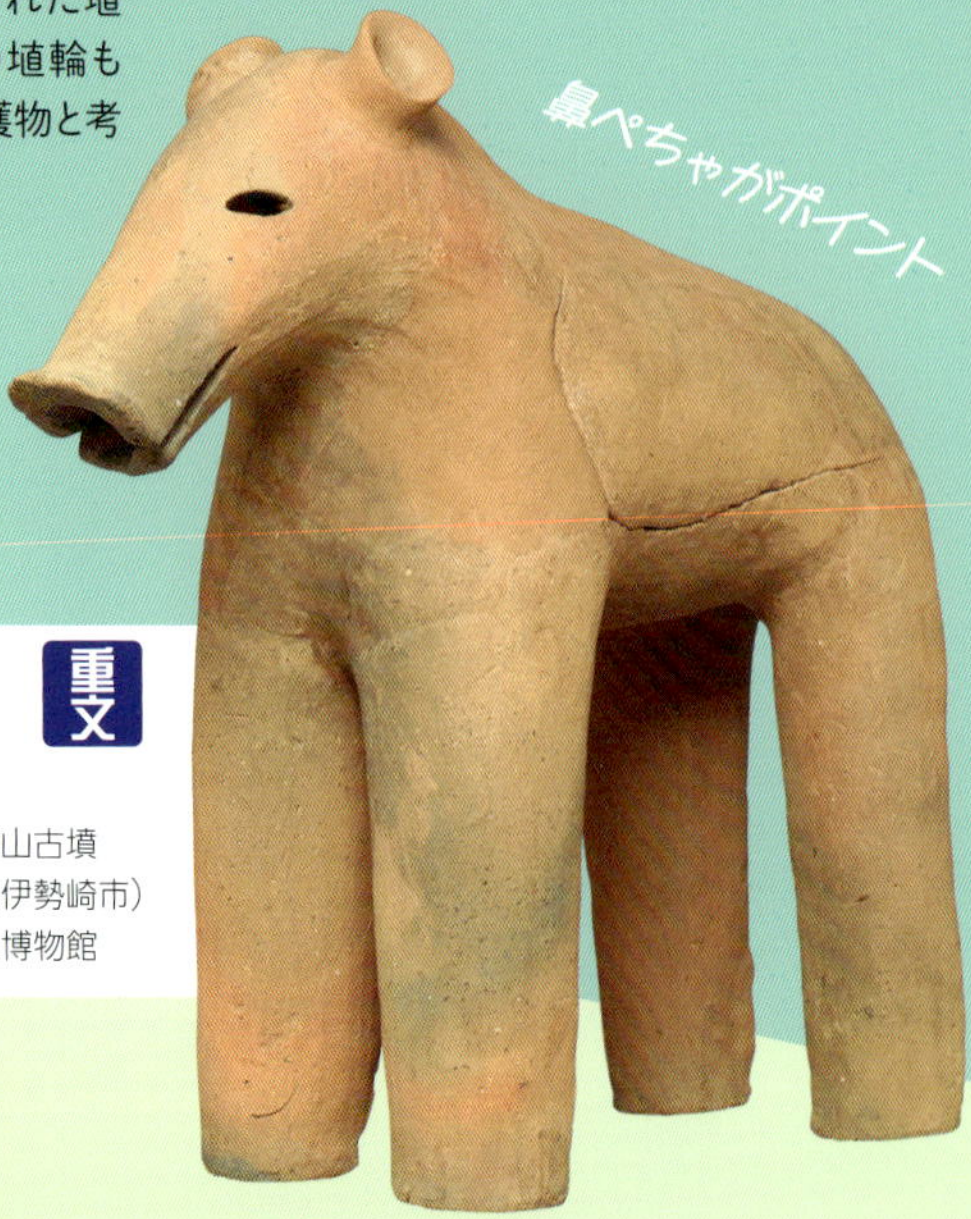
鼻ぺちゃがポイント

猪形埴輪 重文

年代	6世紀
高さ	50.2cm
出土場所	剛志天神山古墳（群馬県伊勢崎市）
所蔵	東京国立博物館

生々しい傷跡が残る

タテガミを逆立て威嚇するイノシシを表した埴輪。背中に白いラインが入っているが、これは矢が刺さった傷を表している。残念ながら足のパーツは見つかっていない。

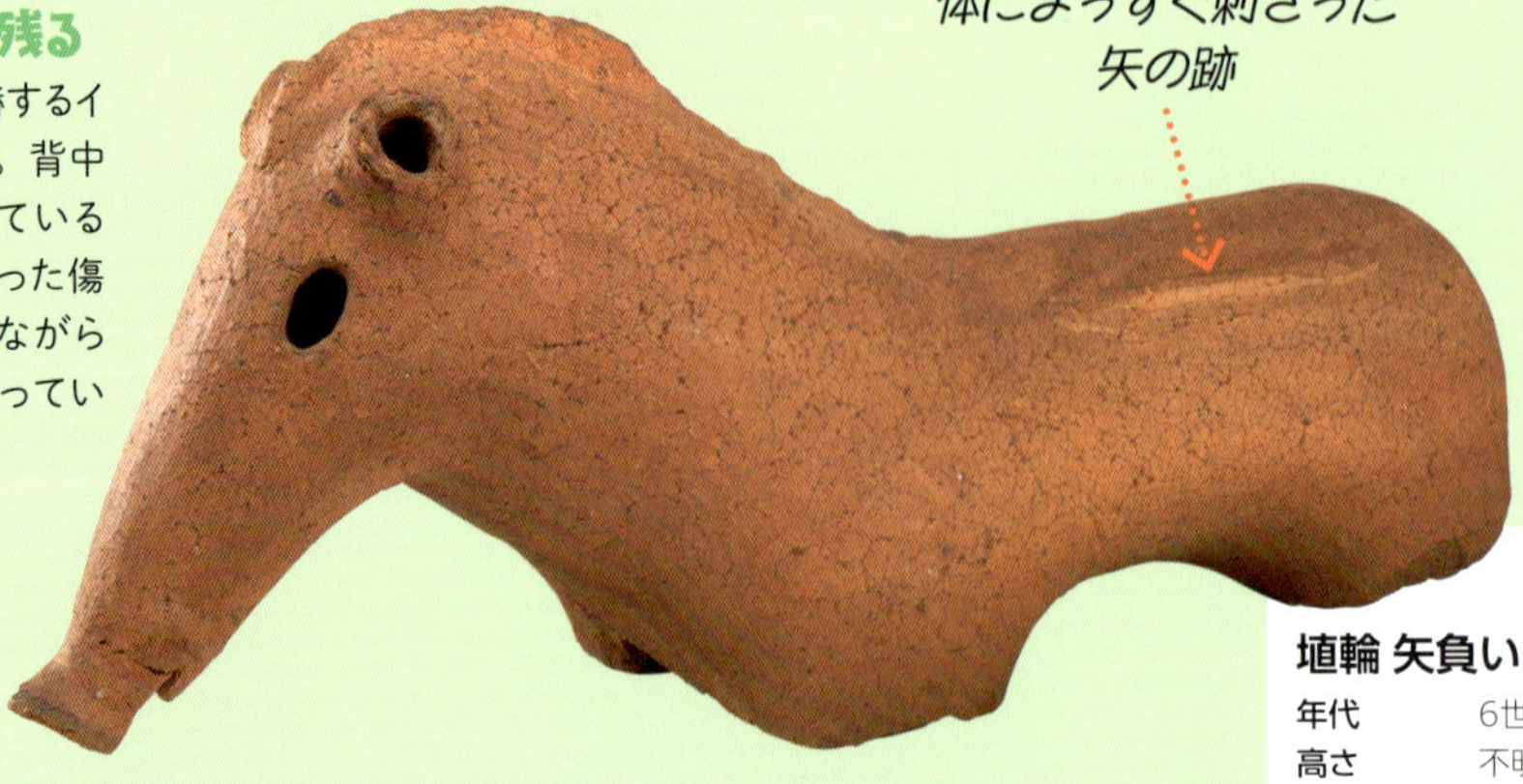
体にまっすぐ刺さった矢の跡

埴輪 矢負いの猪

年代	6世紀
高さ	不明（長さ63.2cm）
出土場所	伝千葉県我孫子市
所蔵	東京国立博物館

もっと知りたい

狩猟は大事な儀式

古墳からは狩猟のシーンを想像させる埴輪が出土しています。たとえば矢傷を負ったイノシシやシカ、狩人と猟犬、鷹狩りや鵜飼をモチーフにした埴輪など。古墳時代の有力者たちは、狩猟の成果によって未来を占ったそうです。他にも、狩猟には自らの権威をアピールする意味合いもあったとか。重要な儀式だったからこそ、古墳に狩猟を表した埴輪を並べたのです。

保渡田《ほどた》八幡塚《はちまんづか》古墳（▶P88）に復元されたイノシシを挟み撃ちする狩人と猟犬の埴輪。矢を受けたイノシシは血を流している。

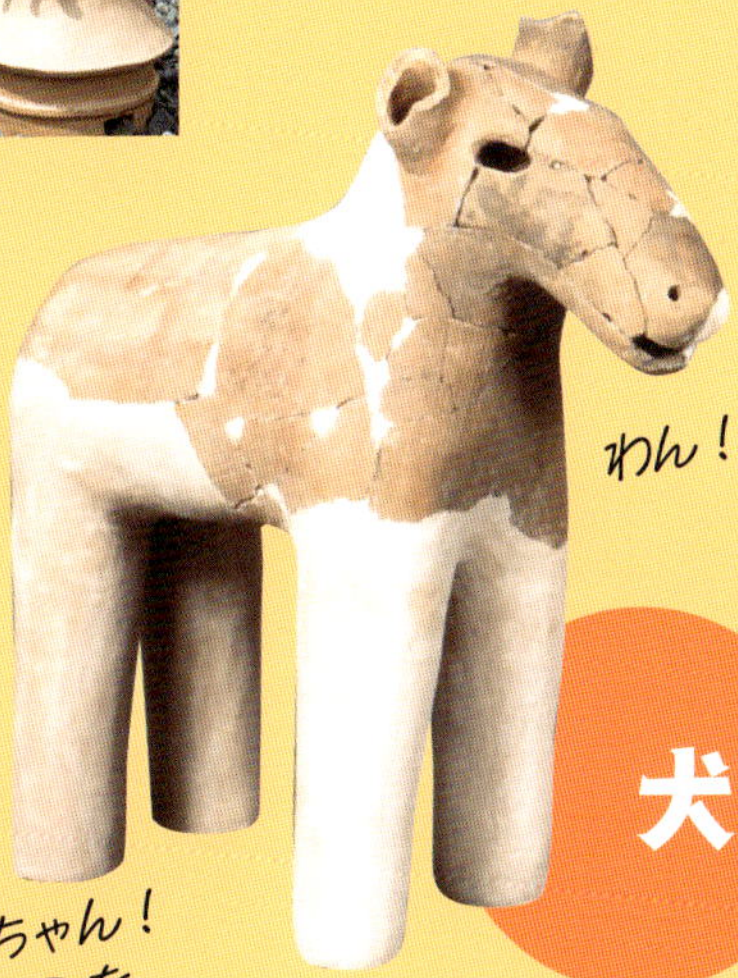
わん！
犬

ワンちゃん！
イノシシを
捕まえるんだ！
狩人

大ピンチなイノシシ

弓を構える狩人とその猟犬、狩人が放った矢が当たり、傷を負っているイノシシ。この3点の埴輪は、同じ古墳の中でもかなり近くに並べられていた。

うわー！
イノシシ

狩人形埴輪・犬形埴輪・猪形埴輪

年代	5世紀後半～6世紀初頭
高さ	（狩人）54.5cm　（犬）55cm　（猪）49.5cm
出土場所	保渡田Ⅶ遺跡（群馬県高崎市）
所蔵	かみつけの里博物館

シカのはにわ

ツノと模様がポイント

古代から日本の在来種として親しみ深いシカ。イノシシと同じく、シカも狩りの獲物として、多くの埴輪がつくられています。頭にツノが生えていたり、鹿の子模様が描かれているのが特徴です。また「見返り鹿」と呼ばれる振り返った瞬間をかたどった埴輪も発見されています。

シカは物音に敏感？

シカの埴輪はなぜか振り返った姿のものが発見されている。一説には物音に気づいてこちらを警戒している姿を表現していると考えられている。

見返りの鹿埴輪 重文

年代	6世紀前半
高さ	93.5cm
出土場所	平所遺跡埴輪窯跡（島根県松江市）
所蔵	島根県立八雲立つ風土記の丘

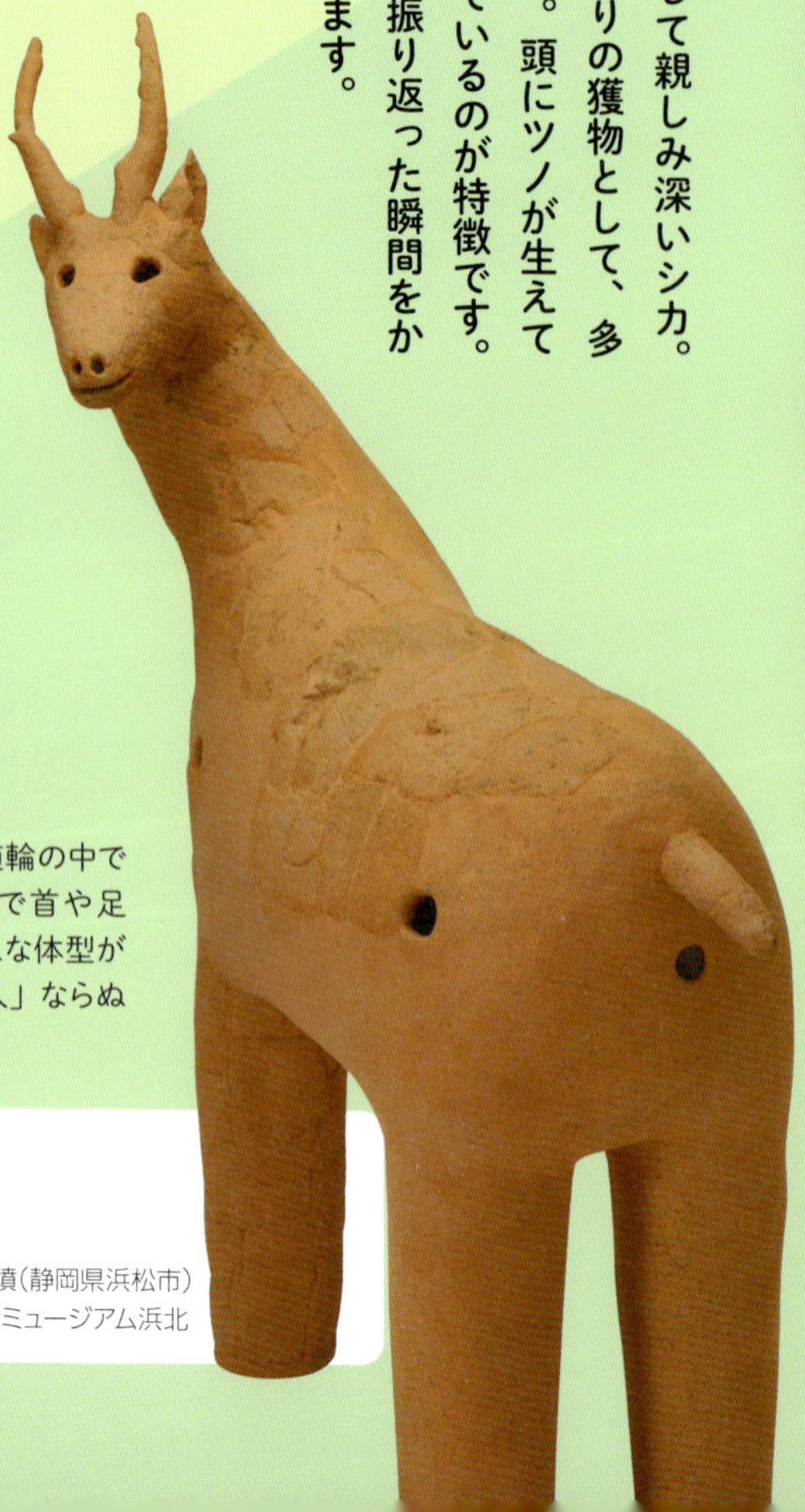

見返り美シカ

見返りポーズのシカ埴輪の中でも、この埴輪は小顔で首や足が長く、スタイリッシュな体型がポイント。「見返り美人」ならぬ「見返り美シカ」？

鹿形埴輪

年代	5世紀
高さ	90cm
出土場所	辺田平1号墳（静岡県浜松市）
所蔵	浜松市市民ミュージアム浜北

ツノが短いけどヤギじゃない

首をかしげた鹿形埴輪。ツノが耳より短く、目を細めているため、ヤギのようにも見える（ちなみにヤギが日本に伝来したのは15世紀だとか）。首に赤い顔料が残っているのが特徴。

鹿形埴輪

年代	古墳時代後期
高さ	56cm
出土場所	向山142号墳（鳥取県倉吉市）
所蔵	倉吉博物館

足を2本にされちゃったシカ

矢が刺さって悲しげな表情のシカ。よく見ると前後の足が束ねられ、2本に省略されている。かなりレアな造形だ。

矢が刺さっている

足が太いって
言わないで…

鹿形埴輪

年代	6世紀頃
高さ	62.3cm
出土場所	茨城県つくば市下横場字塚原
所蔵	東京国立博物館

埴輪に表現された鹿の子模様

シカの埴輪には塗料で斑点が描かれていることがある。これは夏毛の鹿に見られる「鹿の子模様」を表現したものだ。

ドット模様に注目

全身にびっしりと鹿の子模様が描かれているシカの埴輪。顔の中央には白いライン、足には蹄もあしらわれており、制作者の観察眼の鋭さが感じられる一品。

鹿形埴輪

年代	古墳時代後期
高さ	36.9cm
出土場所	土下211号墳（鳥取県北栄町）
所蔵	鳥取大学（写真提供：鳥取県立博物館）

ほとんど出土していない
珍しい動物はにわ

魚

魚の埴輪は千葉・茨城・埼玉県のみでしか発見例がなく、極めて少ない。この埴輪は当時各地の川で捕獲されていたサケを表したものだと考えられているが、模様やヒレの形では判断できず、よくわからない。

魚形埴輪

年代	6世紀後半
高さ	29.3cm
出土場所	白桝遺跡（千葉県芝山町）
所蔵	芝山仁王尊·観音教寺（芝山町立芝山古墳·はにわ博物館保管）

撮影＝奈良文化財研究所・中村一郎

クマ

丸い頭の形やのびた口先から、クマだと考えられている埴輪。動物の埴輪の中でも、クマは出土例がほとんどない。

熊形埴輪

年代	5世紀
高さ	残存高14cm
出土場所	白石古墳群（群馬県藤岡市）
所蔵	藤岡市教育委員会（藤岡歴史館保管）

ムササビ

ムササビ形埴輪

年代	6世紀中頃
高さ	22.8cm
出土場所	南羽鳥正福寺1号墳（千葉県成田市）
所蔵	成田市教育委員会

ジャンプ！

日本で唯一のムササビの姿を表した埴輪。皮膜を広げてジャンプしているシーンを、写実的にかたどっている。古墳時代の人とムササビの間に、どんなつながりがあったのか、どうして埴輪にしたのか、謎に包まれている。

古墳時代の日本にもたくさんの動物が生息していましたが、実際に埴輪になったのはごく一部。財産になった馬や、狩猟に関わる犬・イノシシ・シカの埴輪がメジャーです。そんな中「なぜこの動物が埴輪に?」と理由がよくわからないレア動物埴輪もいたり。ここではその一部を紹介します!

POINT

古墳時代 牛はレアだった

牛は、古墳時代に馬とともに大陸から伝えられた動物だ。しかし、馬とくらべて牛の埴輪は圧倒的に数が少なく、馬よりももっと貴重で、飼育例もごくわずかだったと考えられている。

牛

モ~

りっぱなツノが生えている雄牛の埴輪。この埴輪は馬の隊列の最後尾に並べられており、馬と同じく牛も権力者の財産になったと推定されている。

牛形埴輪

年代	6世紀前半
高さ	59.5cm
出土場所	今城塚古墳(大阪府高槻市)
所蔵	高槻市立今城塚古代歴史館

サル

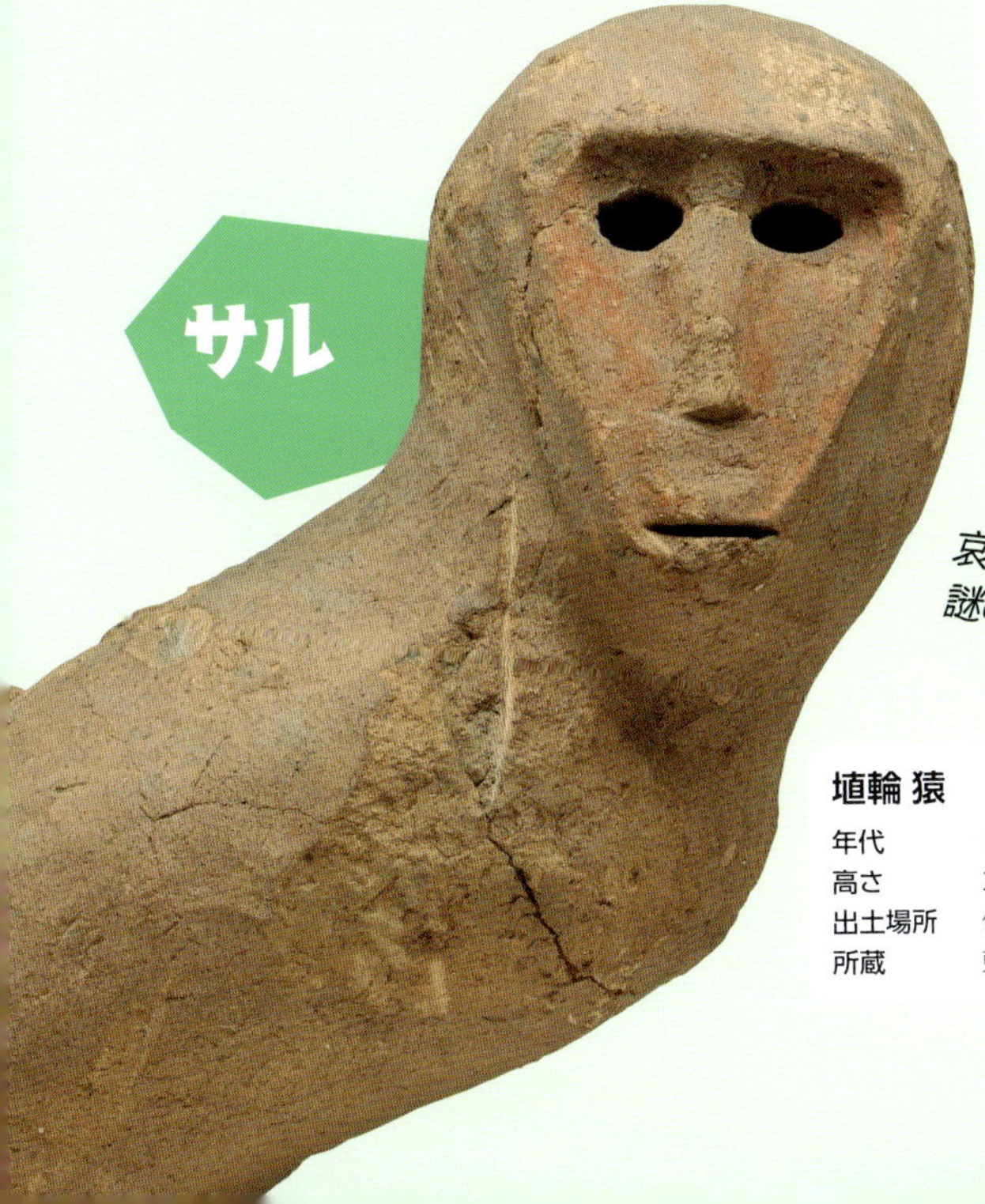
哀愁がただよう
謎の表情…

何かに気づいたようなふとした表情のサル。顔に赤い塗料の跡がある、鼻の下がのびているなど、よく特徴をとらえている。背中に何かが剥がされた跡があり、子ザルを背負っていた可能性も考えられている。

埴輪 猿 重文

年代	6世紀
高さ	27.3cm
出土場所	伝大日塚古墳(茨城県行方市)
所蔵	東京国立博物館

鳥のはにわ

羽やクチバシに注目!

鷹

腕に小鳥を乗せてのんびりしている姿……ではなく、鷹狩りをする人物を表した埴輪。鷹狩りは、訓練した鷹を操って小動物を捕まえさせる狩猟方法で、古墳時代に伝来したとされている。鷹の尾羽についている球体は、鈴を表している。

鷹匠埴輪

年代	6世紀後半
高さ	147cm
出土場所	オクマン山古墳（群馬県太田市）
所蔵	個人／太田市教育委員会共有（太田市立新田荘歴史資料館保管）

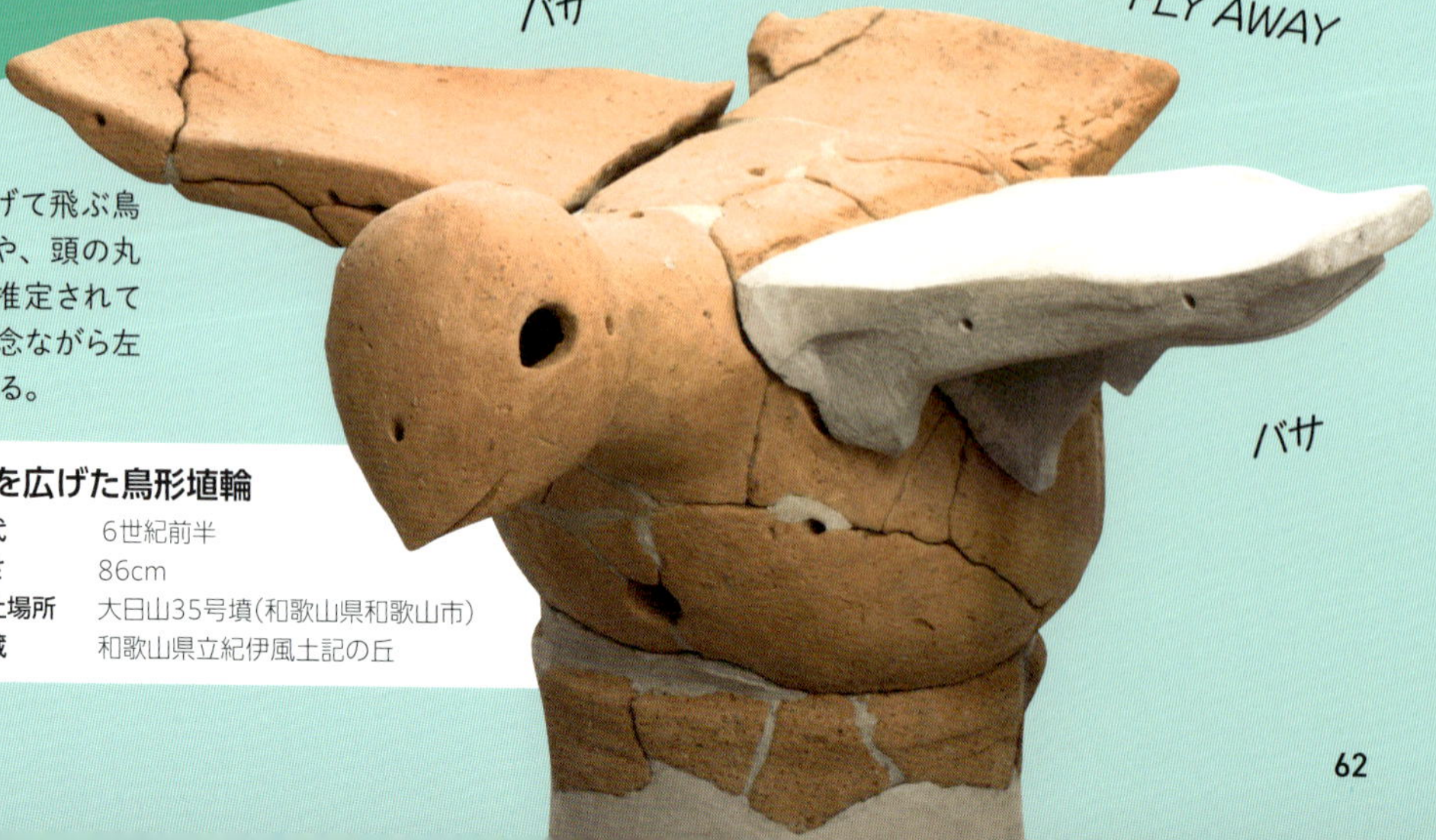

大きな羽をバサバサと広げて飛ぶ鳥の埴輪。鉤型のクチバシや、頭の丸み、首の短さから、鷹と推定されているが、詳細は不明。残念ながら左の羽は失われてしまっている。

翼を広げた鳥形埴輪

年代	6世紀前半
高さ	86cm
出土場所	大日山35号墳(和歌山県和歌山市)
所蔵	和歌山県立紀伊風土記の丘

ニワトリ

動物埴輪といえば外せないのが鳥の埴輪。鳥の埴輪は全国各地でたくさん発見されており、とがったクチバシ、折り畳まれた羽、つぶらな瞳が見事に再現されています。なかでもニワトリの埴輪は、動物埴輪の中でも一番早くに制作が開始されました。朝に鳴き声をあげるニワトリは、太陽を導く神聖な鳥とされていたからです。

鶏形埴輪

年代	5世紀中頃
高さ	79cm
出土場所	赤堀茶臼山古墳・釜ノ口遺跡（群馬県伊勢崎市）
所蔵	伊勢崎市教育委員会（赤堀歴史民俗資料館保管）

トサカや肉ぜん（雄鶏のあごにぶら下がっている肉）がしっかり再現されたニワトリの埴輪。よく見ると右羽の先の色が異なる。この部分は、埴輪が出土した赤堀茶臼山古墳から3kmも離れた釜ノ口遺跡の埴輪工房から出土したもの。「埴輪をつくった場所」と「完成した埴輪が置かれた古墳」がわかる、奇跡的な埴輪なのだ。

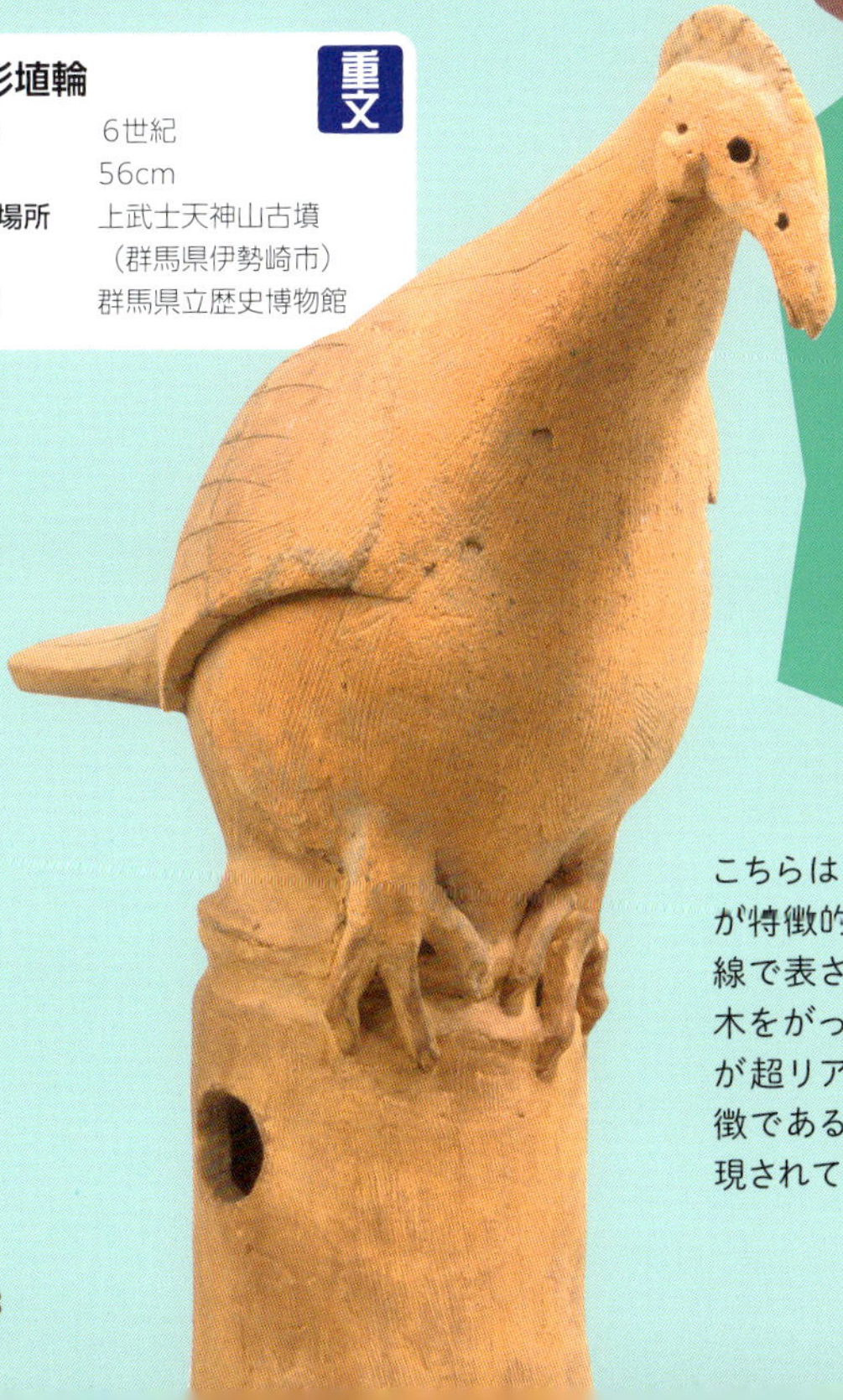

鶏形埴輪 重文

年代	6世紀
高さ	56cm
出土場所	上武士天神山古墳（群馬県伊勢崎市）
所蔵	群馬県立歴史博物館

こちらはとがったクチバシが特徴的なニワトリ。羽は線で表されている。止まり木をがっしりとつかんだ爪が超リアルで、雄鶏の特徴である蹴《け》爪《づめ》もきちんと再現されている。

POINT ニワトリは神聖な鳥？

ニワトリの埴輪は動物埴輪の中でも特に古い時代から制作が始まっている。古墳時代、朝は大事な政治を行う時間だった。そのため、夜明けを鳴き声で知らせるニワトリは、太陽を導く存在として神聖視されたのだ。他にもニワトリは、昼（この世）と夜（あの世）を行き来して、死者を蘇らせることができる鳥としても信仰されていたようだ。

水の近くでちゃぷちゃぷ

水鳥のはにわ

白鳥や鵜《う》、カモ、カイツブリなど、水面をスイスイ泳ぐ水鳥たちも埴輪になっています。水鳥の埴輪は古墳の墳丘ではなく、墳丘から突き出したステージのような造り出し（▼P82）や濠の周囲など、実際に生息していただろう水の近くから出土しているのがポイントです。

魚をくわえてポーズ！

小魚を口にくわえた鵜をかたどった埴輪。鈴がついた首輪をしていることから、人間に飼育されていた鵜、つまり鵜飼のシーンを表したと考えられる。実際、この埴輪の近くから袋を腰につけた人物埴輪が発見された。

魚をくわえる鵜の埴輪

年代	5世紀後半
高さ	63.6cm
出土場所	保渡田八幡塚古墳(群馬県高崎市)
所蔵	かみつけの里博物館

今日の夕飯
ゲットだぜィ！

鵜飼って何？

POINT

鵜飼とは、飼いならした鵜を海や川に放って魚を捕まえさせ、のどに魚がたまったら吐き出させるという漁法だ。この埴輪は古墳時代に鵜飼が行われていたということを証明した資料としても高い評価を受けている。

ご主人様のために
魚を捕まえるぞ！

水かきまでバッチリ

長い首に平らなクチバシ、サイズ感から、コハクチョウだと考えられる水鳥埴輪。足にはしっかりと水かきがついていて、水面をスイスイ泳ぎやすそうだ。

水鳥形埴輪 重文

年代	4世紀後半
高さ	（中央）109cm
出土場所	津堂城山古墳（大阪府藤井寺市）
所蔵	藤井寺市教育委員会

すいすい〜
水かきでスイスイ泳ぐぜ

POINT

白鳥は神の使い？

日本神話には、「英雄ヤマトタケルは、死後白鳥になって飛び立った」という物語がある。そんなふうに、古代日本人は白鳥を「神の魂を運ぶ聖なる鳥」だと考えていた。古墳に白鳥が並べられたのは、古墳に眠る王たちの魂を白鳥たちに運んでもらうためだったのだろう。

全員集合！水鳥の行列

水鳥埴輪の群れ。これらはすべて池田古墳から出土したもので、24体以上と日本最多の水鳥埴輪出土数を誇っている。大きさや見た目で白鳥やガン、カイツブリだと考えられている。画像中央下あたりには、赤ちゃんを連れた水鳥の姿も。

水鳥形埴輪 重文

年代	5世紀
高さ	最大82cm
出土場所	池田古墳（兵庫県朝来市）
所蔵	兵庫県立考古博物館

どこ行く？
みんな、いくぞー！
イエーーーイ！
わら
わら
わら
わら
わら
なにする？

第3章

モノのはにわ

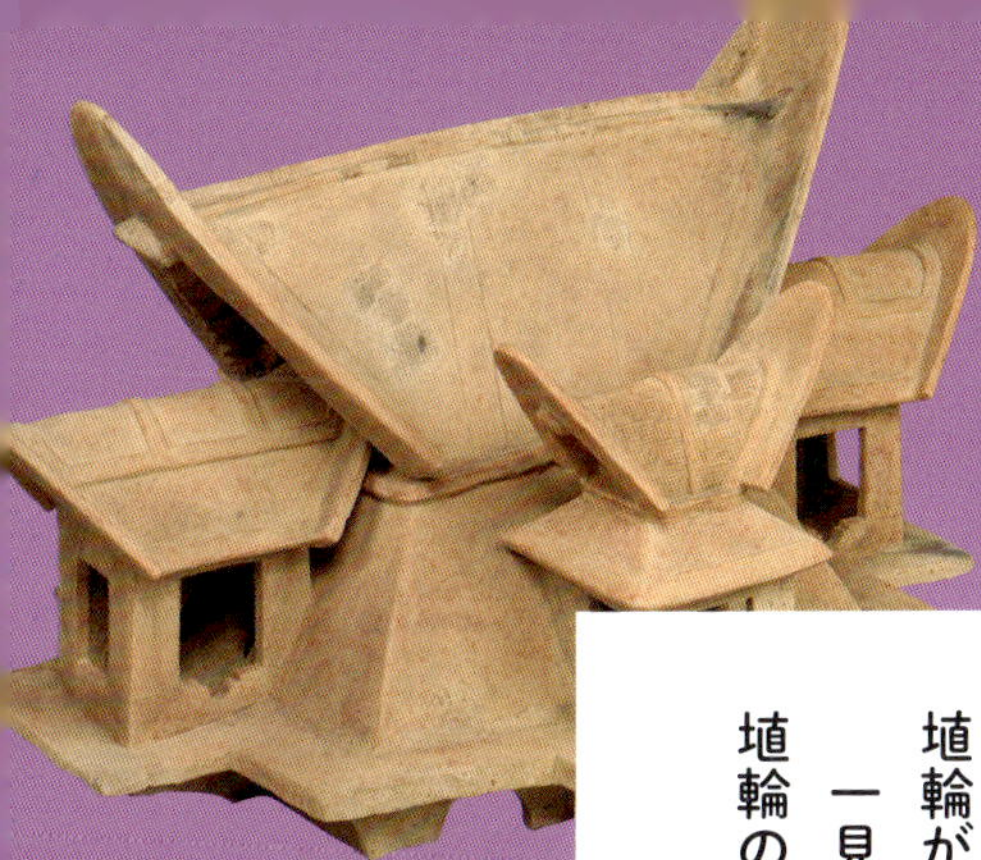

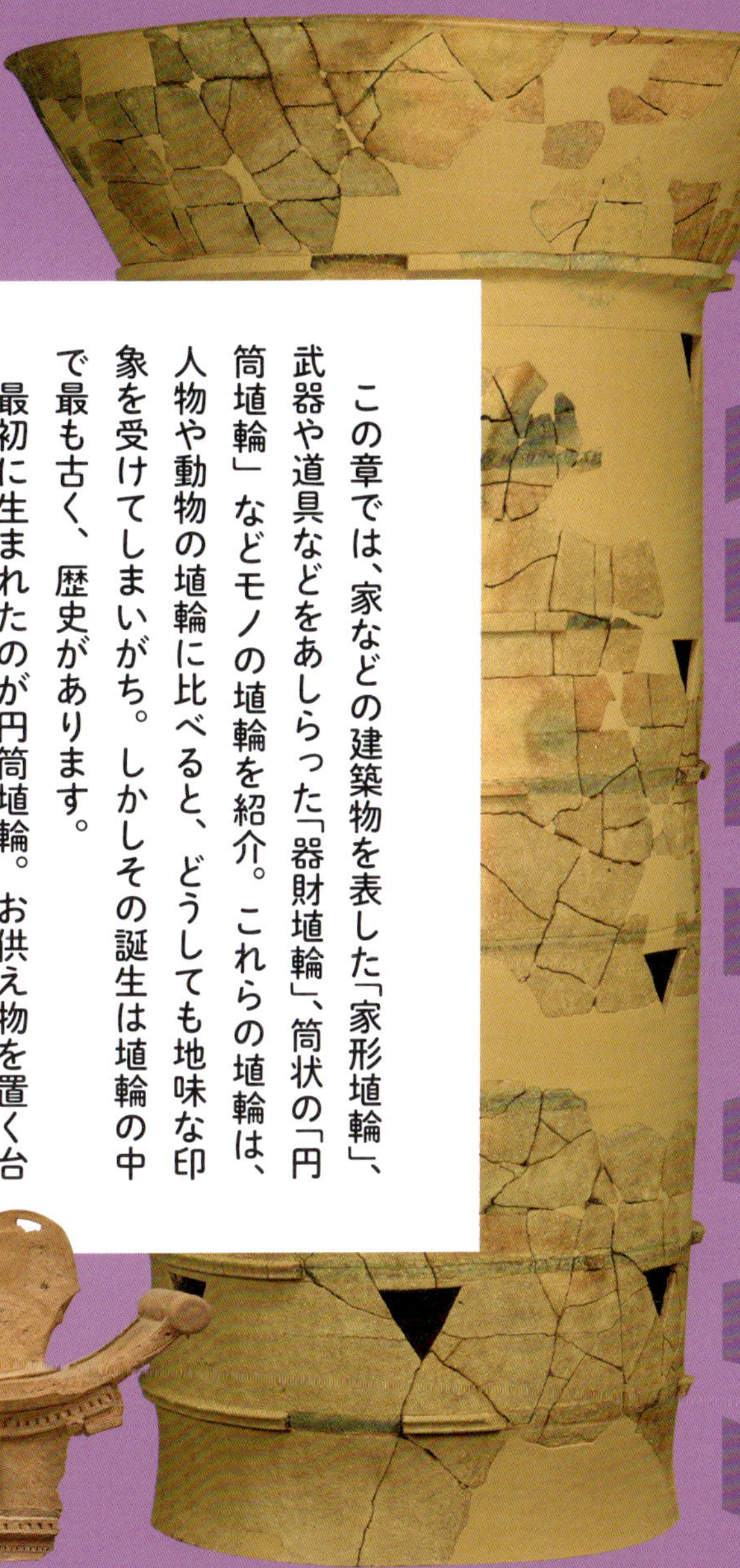

この章では、家などの建築物を表した「家形埴輪」、武器や道具などをあしらった「器財埴輪」、筒状の「円筒埴輪」などモノの埴輪を紹介。これらの埴輪は、人物や動物の埴輪に比べると、どうしても地味な印象を受けてしまいがち。しかしその誕生は埴輪の中で最も古く、歴史があります。

最初に生まれたのが円筒埴輪。お供え物を置く台が元になっており、古墳に悪霊が入らないよう、バリアをはるために大量に並べられました。その後、死者の魂を宿す家形埴輪や、死者の遺品を表す器財埴輪が生まれています。

一見地味でも、よく見ると奥深い。そんなモノの埴輪の世界を見ていきましょう。

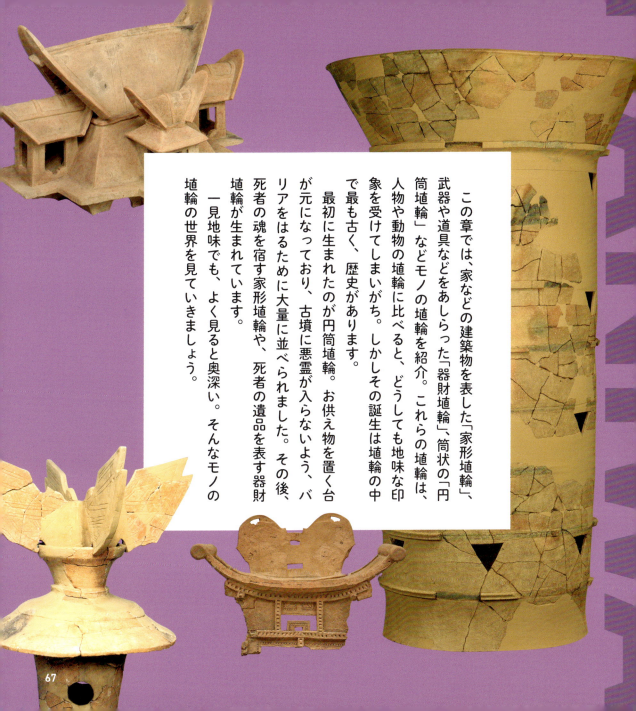

家主の個性が光る！

家のはにわ

様々なものをかたどった形象埴輪。その中でも最も古くに生まれたのが家形埴輪です。家形埴輪は古墳の墳丘の頂上など、重要な場所やその周辺から出土されることが多いため、死者の魂が生活する場所だと考えられています。その形は様々で、2階建てのものや囲みがついたものなど、個性豊か。ちょっと住んでみたいかも。

日本一の大きさです

古墳時代のタワーマンション⁉

最大の家形埴輪で、高さはなんと171cmもある。屋根には神社などで見られる「鰹《かつお》木《ぎ》」と呼ばれる飾りがあることから、祭祀に利用された舞台を表していると考えられている。あまりに大きいため、上下3段に分けて制作されたようだ。

家形埴輪

年代	6世紀前半
高さ	171cm
出土場所	今城塚古墳（大阪府高槻市）
所蔵	高槻市立今城塚古代歴史館

一度は住んでみたい
夢のマイホーム

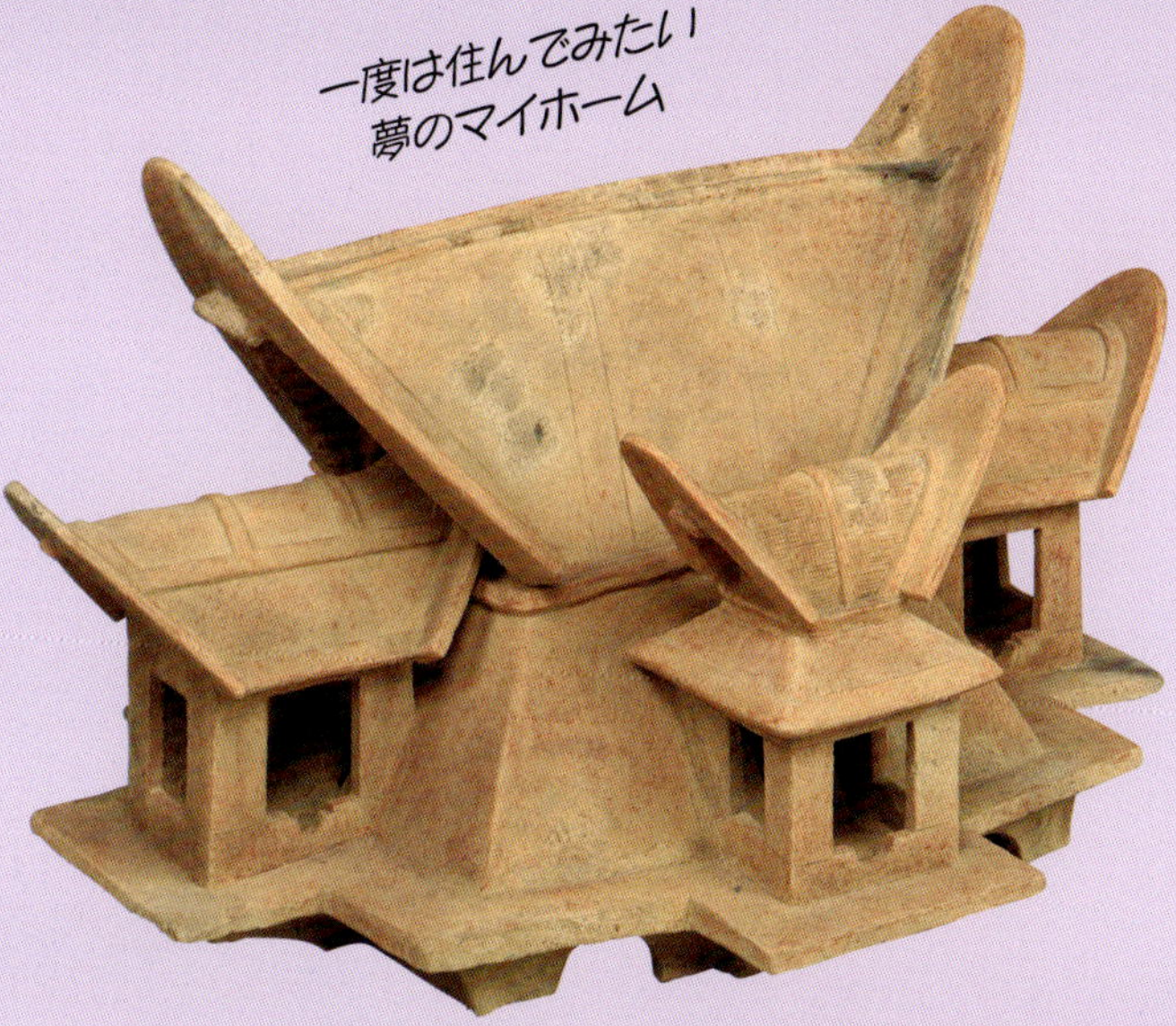

みんなで仲良く住める大豪邸！

メインの大きな建物を中心に、前後左右に小さな家がついている大豪邸。建築学的には実現できない複雑な構造なため、実在の家をモチーフにしたのではなく、想像上の家、いわば“夢のマイホーム”を埴輪でつくったようだ。

埴輪 子持家 重文

年代	5世紀
高さ	54cm
出土場所	西都原古墳群（宮崎県西都市）
所蔵	東京国立博物館

何人たりとも入れないぞ

中から井戸が出現 POINT

この囲形埴輪は屋根が着脱可能で、取り外すと井戸や導水槽が現れる。これらは宝塚1号墳の造り出し（►P82）から見つかった。この古墳に眠る王は農業用水の整備に尽力し、水を祀る儀式を行っていたと推測される。

パカッ

セキュリティばっちりの家

四方を塀でしっかりと囲われた、防犯対策バッチリの家形埴輪。このような形のものを「囲形《かこいがた》埴輪」と呼び、たまに発見されている。

囲形埴輪 国宝

年代	5世紀初頭
高さ	（中央）33cm
出土場所	宝塚1号墳 （三重県松阪市）
所蔵	松阪市文化財センター はにわ館

もっと知りたい

古墳時代の家

入母屋造

屋根の頂点は三角形の切妻造だが、
四方から庇《ひさし》が出ており、
2段構造となっている。
権力者を象徴する建物の形だった。

家形埴輪 国宝

年代	5世紀初頭
高さ	80cm
出土場所	宝塚1号墳(三重県松阪市)
所蔵	松阪市文化財センター はにわ館

三重県の宝塚1号墳で見つかった家形埴輪。2階建てで、屋根にはりっぱな鰭《ひれ》飾りがついていることから、特別なことに使われた施設を表現したと考えられている。

法円坂遺跡（大阪府大阪市）にある復元された古墳時代の倉庫。屋根の形から入母屋造であることがわかる。

家形埴輪の形状から、古墳時代にどんな家が建っていたかがわかります。当時の家は屋根の形で分類でき、メジャーなのが「入《いり》母《も》屋《や》造」「寄《よせ》棟《むね》造」「切《きり》妻《づま》造」の3つ。とくに、入母屋造の屋根は、他のものより格が高いとされ、権力者のシンボルだったと考えられています。

切妻造

屋根が頂点から地面に向かって
2 方向に傾斜し、
本を開いて伏せたような
形になっている建物。

横から見ると屋根の三角形がわかりやすい！

埴輪 切妻造家

年代	5世紀
高さ	54cm
出土場所	赤堀茶臼山古墳（群馬県伊勢崎市）
所蔵	東京国立博物館

群馬県の赤堀茶臼山古墳からは8個の家形埴輪がセットで見つかっており、その中で最も大きいのがこの埴輪だ。家の平側（長編）には玄関と思われる長い穴が、妻側（短辺）には窓とおぼしき小さな穴が空いている。

大事な穀物を守るために工夫をこらした倉庫だよ

寄棟造

頂点から 4 方向に傾斜した
屋根を持つ。
雨が四方に流れるので
水はけがよいのが特徴だ。

2階建ての家ではなく、基礎が高くなっている高床倉庫を表したと考えられる。床を高くすることで、湿気やねずみから穀物を守る作用があった。

埴輪 寄棟造高床倉庫

年代	5世紀
高さ	60cm
出土場所	白石稲荷山古墳（群馬県藤岡市）
所蔵	東京国立博物館

大海原を旅した

船のはにわ

西日本では船の形の埴輪が何件か見つかっています。多くは「準構造船」と呼ばれるシンプルな形のもの（くわしくは左のページで解説）。そんな中、宝塚1号墳（三重県松阪市）の船形埴輪は、とても豪華なつくりなのが特徴。船上には立派な装色や器物が立てられていて、この古墳の王がいかに大きな権力を持っていたかがわかります。

POINT

松阪市初の国宝に指定！

2024年3月、この船形埴輪をはじめとする宝塚1号墳出土の埴輪が国宝に指定された。この船形埴輪は全長140cmという、これまで出土した船形埴輪の中で国内最大サイズなのはもちろんのこと、装飾の豪華さや繊細さも魅力的な埴輪だ。歴史書『日本書紀』の記述や、埴輪に刻まれた線画などにこのような豪華な装飾の船の存在が示されていたが、立体物としては唯一の品として評価された。

ゴージャスに飾り立てられた船で
死後の世界を旅するのだ！

最も豪華な船形埴輪

船形埴輪の中で、最も立派な装飾が施された埴輪。船には日傘(▶P76)、王の杖とされる威杖《いじょう》、威厳を示す大刀《たち》が立てられている。この埴輪が並べられた古墳の主人は、海運で富を得たのかもしれない。

船形埴輪 国宝

年代	5世紀頃
高さ	94cm
出土場所	宝塚1号墳（三重県松阪市）
所蔵	松阪市文化財センター はにわ館

もっと知りたい

古墳時代の船ってどんな船?

日本人は縄文時代から丸木舟（丸太をくり抜いてつくった船）で海に出ていました。そして時代がくだるにつれ、船の形も変わっていきます。

古墳時代に使われていたのは準構造船で、これを模した埴輪も発見されています。船首と船尾をせりあげることで、大波を乗り越えられるように改良されています。

POINT

船形埴輪の再現?「古代船」の進水式

過去には考古遺物から古代船を復元し、航海をするという実験が行われた。2007年、兵庫県では豊岡市の古墳壁画をもとに全長 11m の準構造船「ひぼこ」を復元。地元の高校生が船に乗り込み、進水式が行われた。現在「ひぼこ」は兵庫県立考古博物館に展示されている。

新温泉町の漁港を進む「ひぼこ」。（新温泉町提供）

船の頭とお尻がせり上がってるから荒波でもぐんぐん進むぞ！

シンプルな船形埴輪

高廻り1・2号墳からそれぞれ出土。いずれも外洋船と思われる船形埴輪で、当時の国際交流を知る上で重要な資料になっている。

船形埴輪 重文

年代　4世紀末
長さ　（左）128.7cm
出土場所　長原高廻り1・2号墳（大阪府大阪市）
所蔵　国（文化庁）（写真提供：（一財）大阪市文化財協会）

古墳を守る大刀や盾

武器のはにわ

家形埴輪の周囲には武器の埴輪が置かれていることも。これらは古墳を外敵から守る魔除けとして、また古墳の主の権威を象徴するものとしてつくられました。大刀や、文様が描かれた盾、矢を収納する靫《ゆき》という道具や甲冑など、多くの武器の埴輪が残されています。

敵をなぎ倒すぞ！

大刀形埴輪 重文

年代	6世紀後半
高さ	108cm
出土場所	平井地区1号古墳（群馬県藤岡市）
所蔵	藤岡市教育委員会（藤岡歴史館保管）

俺も持ってるぞ！

挂甲の武人 ▶P16

大刀

反りのある「太刀」と違い、古墳時代の大刀は真っすぐな直刀なのが特徴。サーベルのようになった柄《つか》部分には丸い飾りがついており、豪華なデザインだ。戦で使ったものではなく、儀礼的な用途で使われていた大刀を表現している。

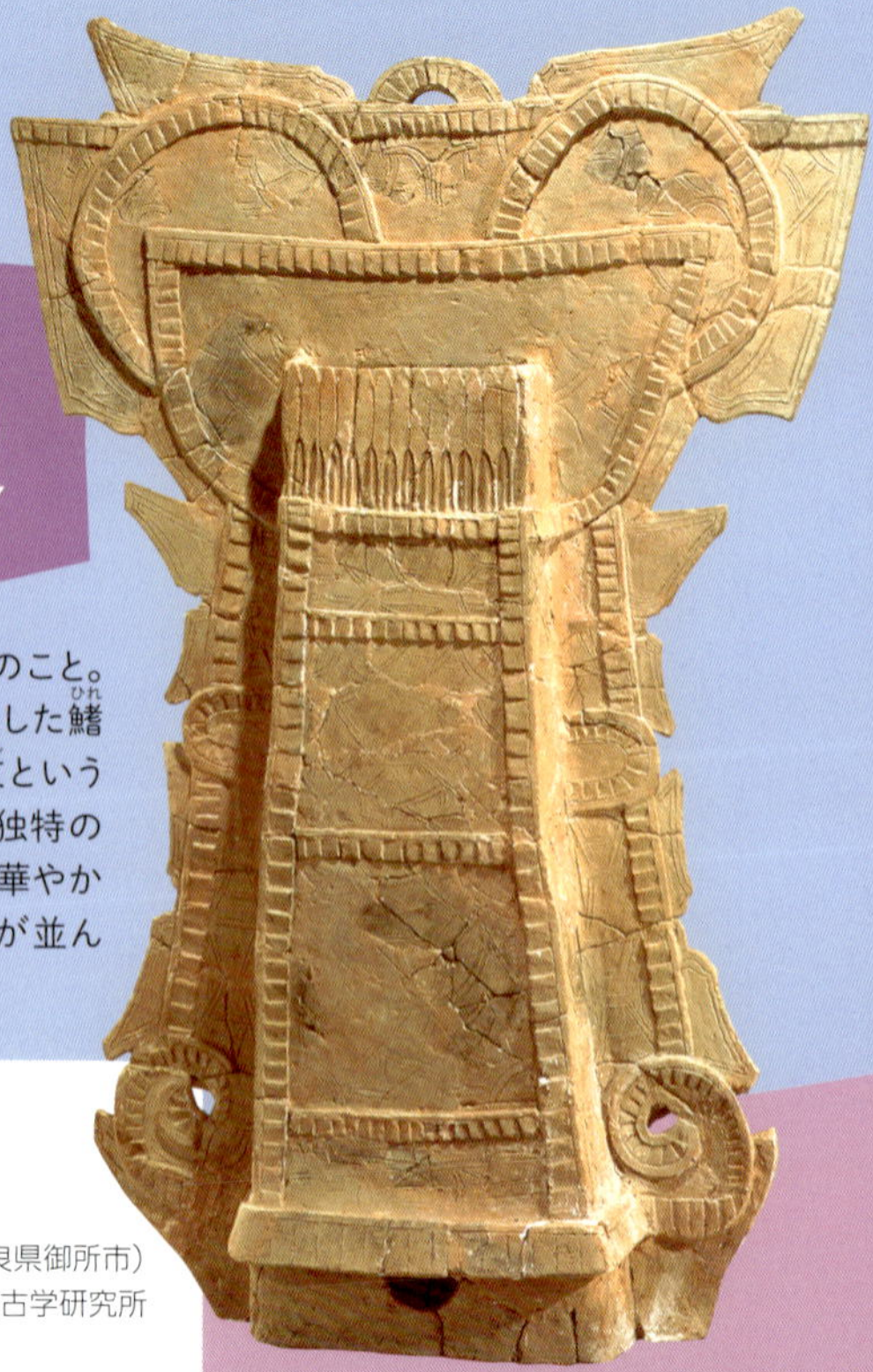

おしゃれな弓用収納ボックス

靫

靫とは矢を入れるケースのこと。この埴輪には左右に突出した鰭《ひれ》がついていたり、直弧文《ちょっこもん》という直線と弧線で表現された独特の文様もほどこされていて、華やかな見た目だ。中心には弓が並んでいるのがわかる。

靫形埴輪

年代	5世紀前半
高さ	143cm
出土場所	室宮山古墳（奈良県御所市）
所蔵	奈良県立橿原考古学研究所附属博物館

どんな敵からも守ってやるぜ

盾

盾は弓矢や刀などの攻撃を防ぐ武具であるため、この埴輪は邪霊などから古墳を守るという意味を持っていたとされている。

盾形埴輪 国宝

年代	5世紀初頭
高さ	（一番手前）90cm
出土場所	宝塚1号墳（三重県松阪市）
所蔵	松阪市文化財センター はにわ館

上半身につける短甲《たんこう》。（東京国立博物館所蔵）

古墳時代にもこんな立派な甲冑があったのさ

甲冑

古墳時代に使われた甲冑を模した埴輪。人型ではあるが、顔が表現されていないことから、人物埴輪ではなく、あくまで甲冑の埴輪としてつくられたことがわかる。甲冑の防御力によって古墳を守ろうと考えたのだろう。

甲冑形埴輪

年代	5世紀中頃
高さ	142.0cm
出土場所	土室遺跡（大阪府高槻市）
所蔵	高槻市立今城塚古代歴史館

道具のはにわ

いったい何に使われた？

機織り機

機織りをしている女性の姿をかたどった埴輪。この機織り機は「地《じ》機《ばた》」と呼ばれる大陸から伝わった最先端のもので、この埴輪が出土した古墳周辺は布の製造が発展していたことが想定される。

機織形埴輪 重文

年代	6世紀後半
高さ	69cm
出土場所	甲塚古墳（栃木県下野市）
所蔵	下野市教育委員会（しもつけ風土記の丘資料館保管）

最先端の地機でどんどん布をつくるわよ～

CGで彩色復元された機織形埴輪。

椅子

貴人が使った椅子を表現した埴輪。後ろにある板は背もたれではなく衝立で、模様が刻まれている。座っている人物の埴輪はたくさん見つかっているが、椅子そのものの埴輪はレアである。

お偉いさんの特等席なのだ！

エッヘン！

椅子形埴輪

年代	5世紀
高さ	45cm
出土場所	赤堀茶臼山古墳（群馬県伊勢崎市）
所蔵	東京国立博物館

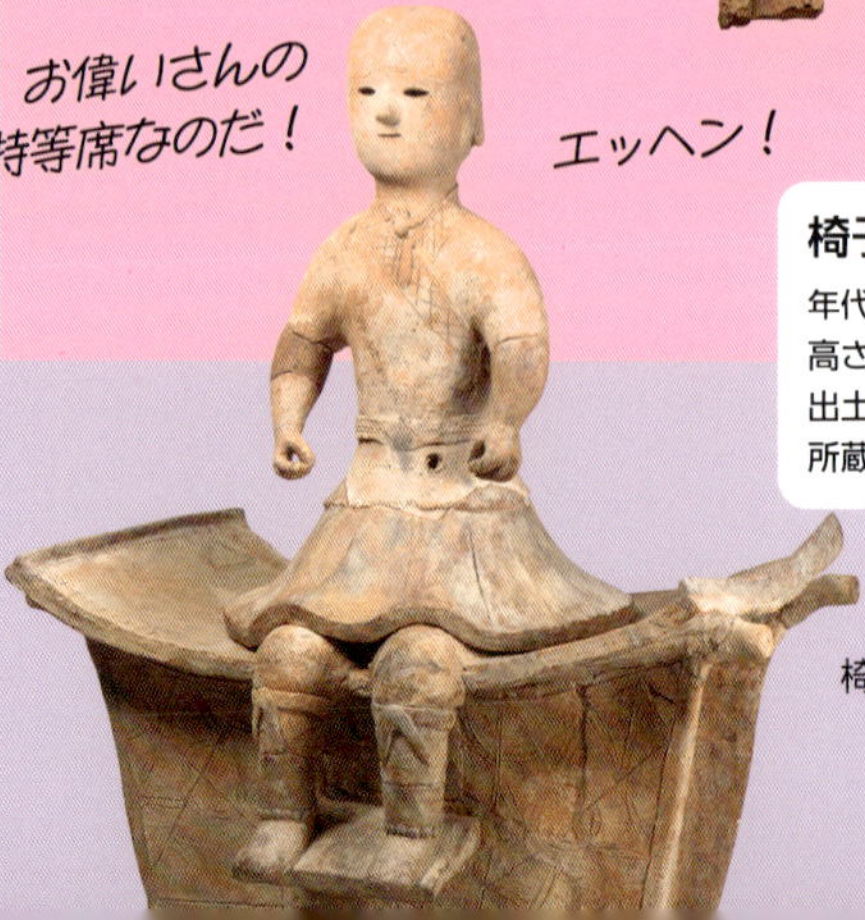

椅子に座る王の埴輪。（►P45）

日傘

古墳時代の道具もまた、埴輪となって古墳に並べられました。なかでもさしばや日傘は権力者が使う道具であり、被葬者ゆかりの道具が埴輪化されたのだと考えられます。これらの道具から古墳時代の人々の暮らしを想像してみましょう！

高杯

これに盛れば、量もモリモリ！

高杯形埴輪

年代	5世紀
高さ	37.5cm
出土場所	赤堀茶臼山古墳（群馬県伊勢崎市）
所蔵	東京国立博物館

脚つきの食器である高杯《たかつき》を表した埴輪。杯・脚・台座の3つのパーツが別々につくられており、脚には粘土を貼りつけてつくられた縁がある。

福岡県宮若市にある竹原古墳には、さしばが描かれた壁画が残っている。（宮若市教育委員会提供）

さしば

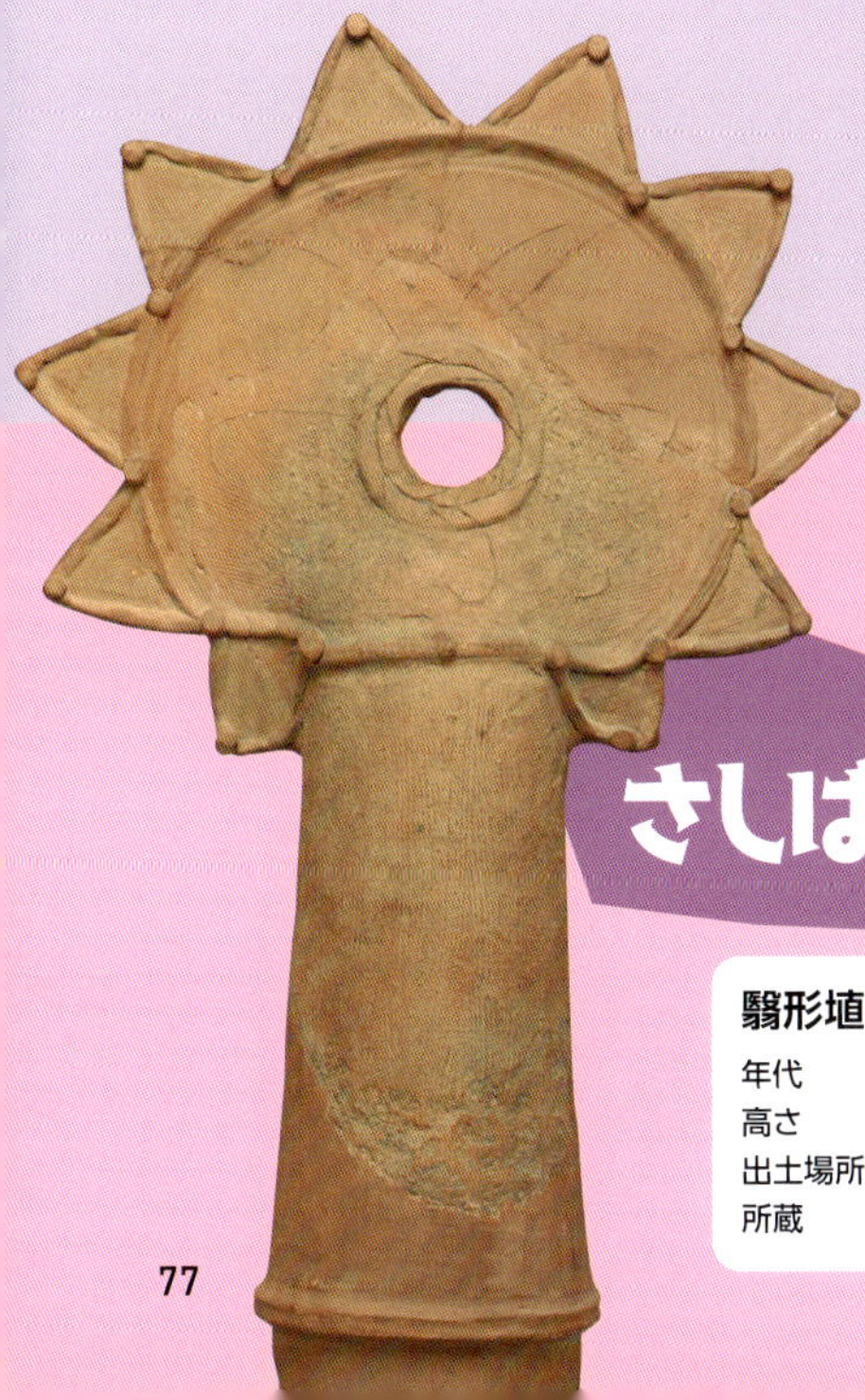

まるで花や歯車のように見えるが、これはさしば（翳）という道具の埴輪。さしばは現在のうちわのルーツとされるもので、古墳時代の偉い人はさしばで顔を隠して、威厳をアピールしていた。

翳形埴輪

年代	6世紀
高さ	不明
出土場所	伝群馬県藤岡市本郷別所
所蔵	東京国立博物館

蓋形埴輪 国宝

年代	5世紀初頭
高さ	不明
出土場所	宝塚1号墳（三重県松阪市）
所蔵	松阪市文化財センター はにわ館

古墳時代の貴人は、外出する際にきぬがさ（蓋）という日傘を使用人に持たせていた。そのためきぬがさを表した埴輪は多数見つかっている。この埴輪は傘の上部分に羽のような飾りがついている。

地味だけど奥が深い！

円筒埴輪

世界最大の埴輪

埴輪の中で最初につくられたのが円筒埴輪。筒状でシンプルな形の円筒埴輪は、古墳の範囲を示すため、墳丘にずらっと並べられました。隙間なく並べることで、悪霊が古墳に入り込まないよう、バリアを張っていたのです。

高さ 242cm

高さ 2m 超え！ 世界一の埴輪

円筒埴輪の平均的な高さは約 50cm、大きくても 1m くらいだ。ところがこの埴輪は 2m42cm と、大人の身長をはるかに超える大きさだ。この埴輪はメスリ山古墳の頂上、一番重要なところに置かれていた。

大型円筒埴輪 重文

年代	4世紀
高さ	242cm
出土場所	メスリ山古墳（奈良県桜井市）
所蔵	奈良県立橿原考古学研究所附属博物館

大量発掘された円筒埴輪

これらの円筒埴輪はすべて兵庫県最大の前方後円墳、五色塚《ごしきづか》古墳(▶P86)から出土したもの。古墳の規模から約 2200 本の円筒埴輪が並べられていたと推定される。なお埴輪の左右についた板状のパーツは「鰭《ひれ》」と呼ばれる飾りで、埴輪同士の隙間を埋める効果がある。

鰭付円筒埴輪・鰭付朝顔形埴輪

重文

年代	4世紀末頃
高さ	(最大)147cm
出土場所	五色塚古墳(兵庫県神戸市)
所蔵	神戸市埋蔵文化財センター (写真提供:神戸市文化財課)

大量の円筒埴輪が発見された五色塚古墳。現在は埴輪の列や葺石(▶P82)が復元されており、当時の様子がイメージしやすい。

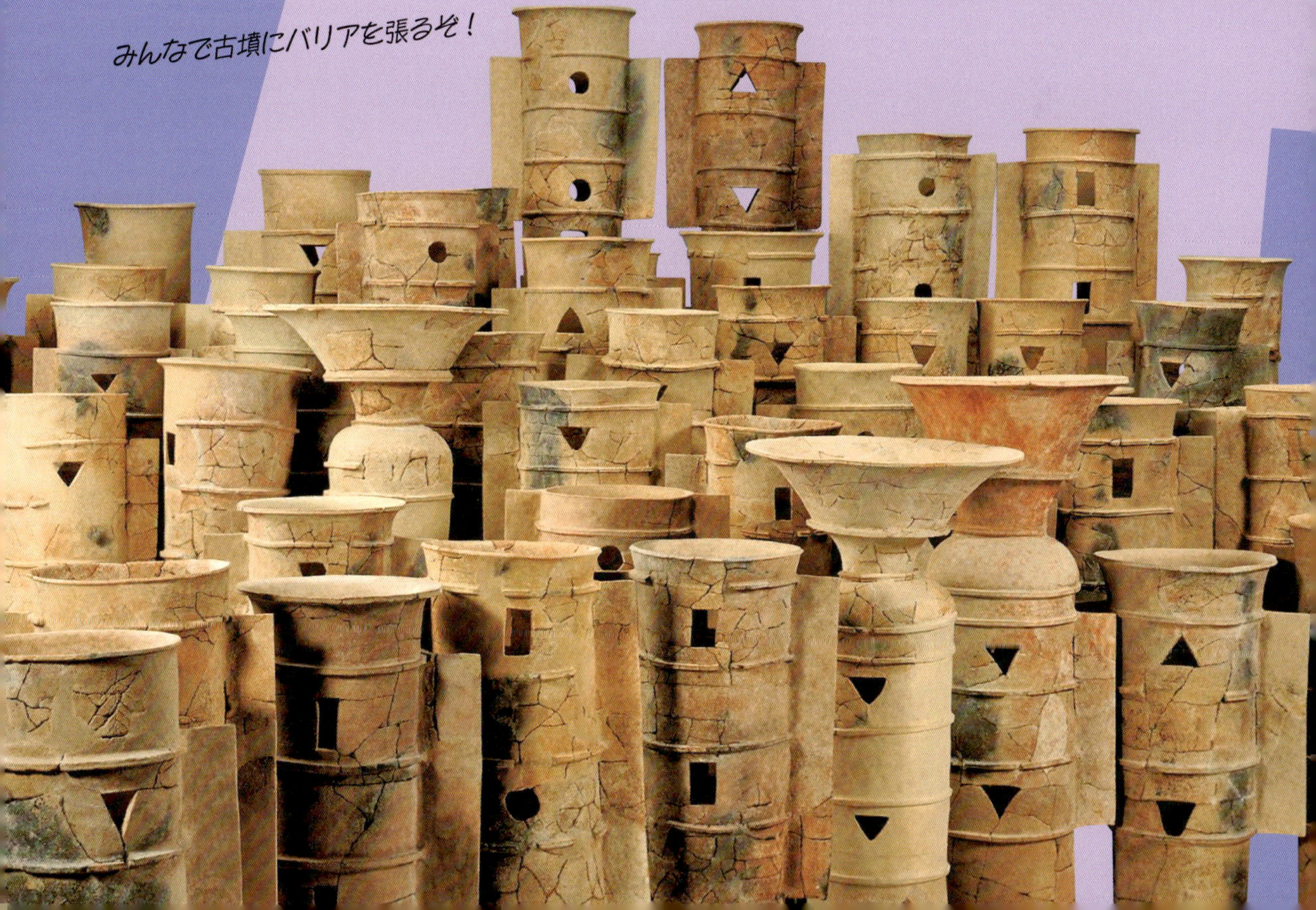
みんなで古墳にバリアを張るぞ！

塩顔で古墳を見守る!?

人間の顔が刻まれた円筒埴輪で、切れ長の目に高い鼻から「塩顔埴輪」の愛称で呼ばれている。このような顔がついた円筒埴輪は全国で10例ほどしか発見されていない。

人面付円筒埴輪

年代	6世紀
高さ	63cm
出土場所	小泉大塚越7号古墳(群馬県玉村町)
所蔵	玉村町歴史資料館

顔がついてると
威圧感が
すごいだろ

ミニチュア動物埴輪を搭載!

なぜかサルと犬の飾りがついている円筒埴輪。まるで犬に吠え立てられたサルが、木の上に避難しているかのようだ。よく見るとサルの背中には子ザルの姿が。古墳時代の人々にとっては見慣れた光景だったのだろうか。

わー!
こっち来ないで!

わんわん!

飾り付き円筒埴輪

年代	6世紀後半
高さ	(現存器高)15.5cm
出土場所	後二子古墳(群馬県前橋市)
所蔵	前橋市教育委員会

絵が刻まれた円筒埴輪

一見普通の円筒埴輪だが、よく見ると穴の左横に、動物（おそらく馬）に乗った人物の絵が刻まれている。この時代、円筒埴輪の他に壺や器などにこのような絵が刻まれていることがあった。

円筒埴輪

年代	5世紀
高さ	不明
出土場所	土師の里遺跡（大阪府藤井寺市）
所蔵	大阪府立近つ飛鳥博物館

シンプルな絵だけど、
長い足や首から
馬だってわかるでしょ

円筒埴輪の意外な使い方

円筒埴輪は古墳の上に並べられるだけでなく、様々な使われ方をした。たとえば、遺体を納める棺としての使用方法。もともとあった円筒埴輪をそのまま棺に使い回すこともあれば、「埴輪棺（円筒棺）」と呼ばれる穴が開いてないカプセル状の円筒埴輪もつくられた。また後世には円筒埴輪が煙突としてリサイクルされることもあった。

大阪府羽曳野市の茶山古墳で発見された埴輪棺。
（羽曳野市提供）

一体何を考えているの？

貴重な人面付円筒埴輪の一つ。なんともいえないシュールな表情で一点を見つめている。左目の下には入れ墨を表す線が2本刻まれている。

人面付円筒埴輪

年代	6世紀前半
高さ	残存高18cm
出土場所	中二子古墳（群馬県前橋市）
所蔵	前橋市教育委員会（大室はにわ館保管）

古墳を知ろう

古墳の種類と見方

そもそも古墳は、土を盛り上げた墳丘がある墓のことで、全国で約16万基以上あるといわれています。墳丘の形は様々で、なかでも鍵穴形の前方後円墳は大型のものが多く、長さ２００ｍを超える古墳はすべて前方後円墳です。

埴輪は墳丘上や、古墳に付随する「造り出し」、古墳の周囲を囲む「堤」などに並べられました。

陪《ばい》塚《ちょう》

大型古墳に付属するように、周囲につくられた小規模の古墳。陪塚には、メインの大型古墳に埋葬された権力者の従者や親族が埋葬されているケースもあるが、副葬品だけを納めていることも多い。

葺《ふき》石《いし》

墳丘が崩れないように、また装飾のために、斜面には「葺石」と呼ばれる人頭大の石や砂利を貼りつけていた。古墳時代後期になると葺石のある古墳は減っていった。

墳丘

墳丘は、頂上から地面まで斜面にするケースは少なく、2～3段ほど階段状に土を盛り、テラス（平坦な部分）を形成することが多かった。墳丘の中に、被葬者の棺を置く石室がある。墳丘の形で最も多いのは、シンプルな円形の円墳である。

前方後円墳

大型の古墳のほとんどが前方後円墳であることから、格式の高い形だとされる。日本独自の形状である。

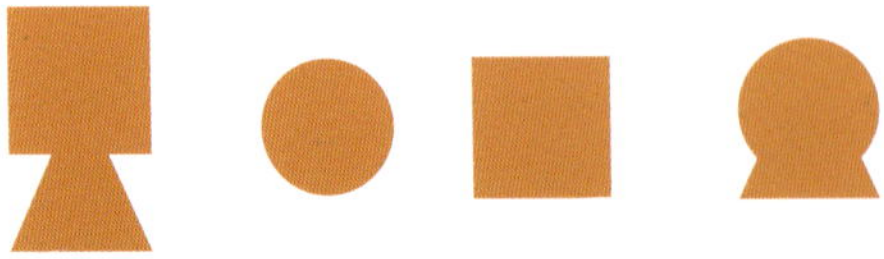

前方後方墳　円墳　方墳　帆立貝形古墳

造り出し

前方後円墳のくびれ部分などにつくられたステージのような空間。葬礼や祭祀の会場となったほか、埴輪やお供え物が置かれる場所でもあった。

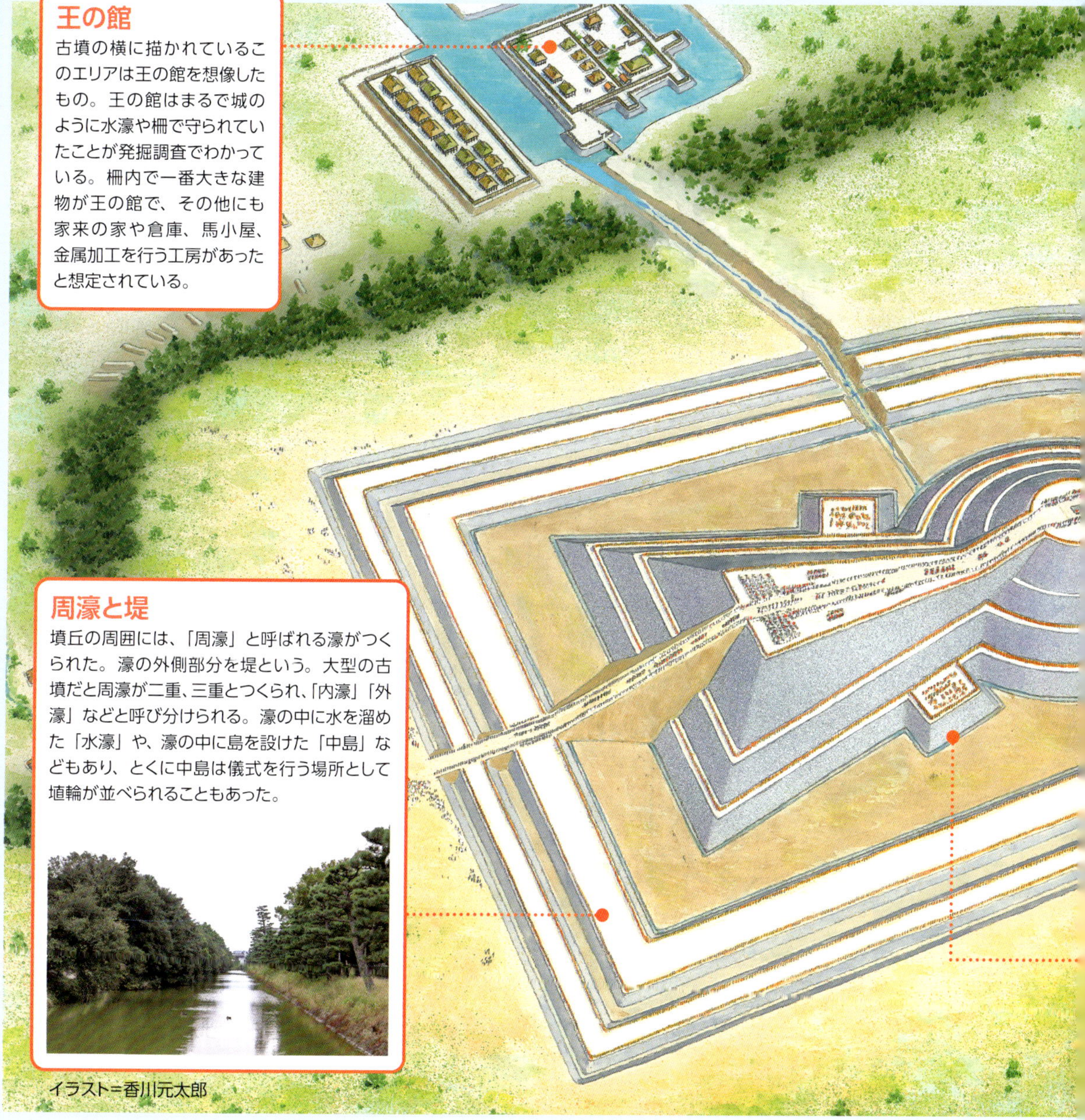

王の館

古墳の横に描かれているこのエリアは王の館を想像したもの。王の館はまるで城のように水濠や柵で守られていたことが発掘調査でわかっている。柵内で一番大きな建物が王の館で、その他にも家来の家や倉庫、馬小屋、金属加工を行う工房があったと想定されている。

周濠と堤

墳丘の周囲には、「周濠」と呼ばれる濠がつくられた。濠の外側部分を堤という。大型の古墳だと周濠が二重、三重とつくられ、「内濠」「外濠」などと呼び分けられる。濠の中に水を溜めた「水濠」や、濠の中に島を設けた「中島」などもあり、とくに中島は儀式を行う場所として埴輪が並べられることもあった。

イラスト=香川元太郎

古墳を知ろう

古墳の中には何がある？

古墳は言うまでもなく、権力者の墓です。そのため墳丘の下には棺を納めるための石室がありました。当初は墳丘上から棺を納める竪穴式石室が主流でしたが、時代が下ると墳丘の横に入り口を設けた横穴式石室が一般的になっていきます。

石室には棺の他にも、鏡や大刀などの副葬品を納め、被葬者の遺体にはアクセサリーをつけて着飾りました。

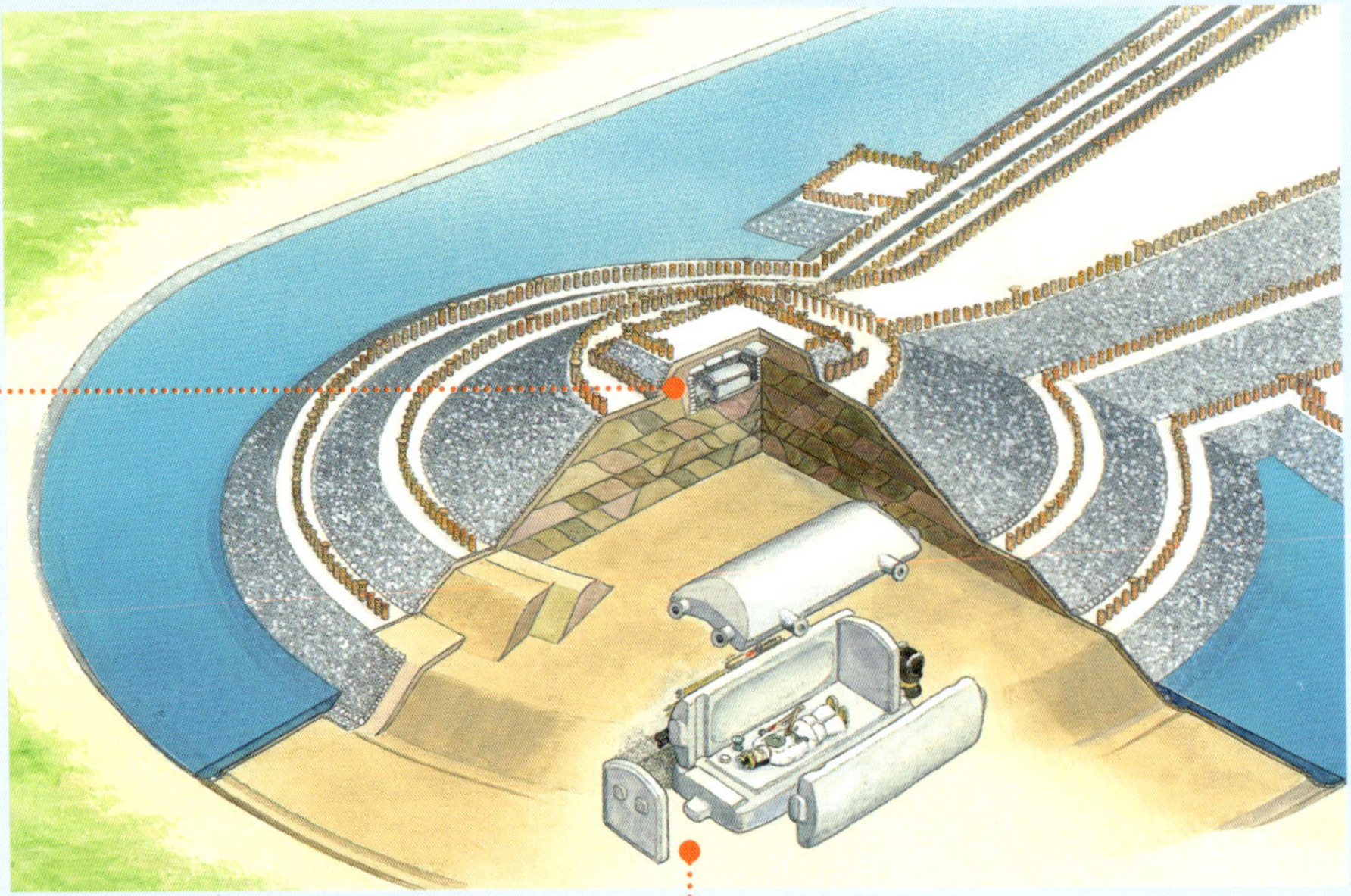

前方後円墳の墳丘内部

前方後円墳の場合、墳丘の円の部分に石室がつくられたケースが多い。図は竪穴式石室で、墳丘上部から大きな石棺や副葬品を納めた。

イラスト＝香川元太郎

盗掘で失われた古墳時代の宝物

古墳の石室に納められた宝物品の多くは、長い歴史の中で盗掘に遭い、散逸してしまっている。盗掘をまぬがれた数少ない古墳の一つ、江田船山古墳（熊本県和水町）からは大量の宝物が見つかり、いずれも国宝になっている。

江田船山古墳から出土した金《こん》銅《どう》製《せい》沓《くつ》。サイズが 32cm もあるため、遺体に履かせたと考えられている。（東京国立博物館所蔵）

石室の種類

古墳時代の初めは、墳丘上部から棺などを納め、土をかぶせて蓋をする竪穴式石室が一般的だった。やがて朝鮮半島北部で発達した横穴式石室（墳丘の横に羨道《せんどう》という通路を設け、奥の玄室《げんしつ》に棺などを安置する）が伝来すると、これが主流になる。横穴式石室は羨道に設けた蓋や扉から、追葬ができたのがメリットであった。また、横穴式石室の方が広いスペースを確保することができ、壁面にカラフルな文様を描く装飾古墳（▶P94）が多くつくられるようになつた。

竪穴式石室

墳丘上部に穴を開け、中に物を入れてから蓋をする石室。古墳時代前半に一般的だった。

横穴式石室

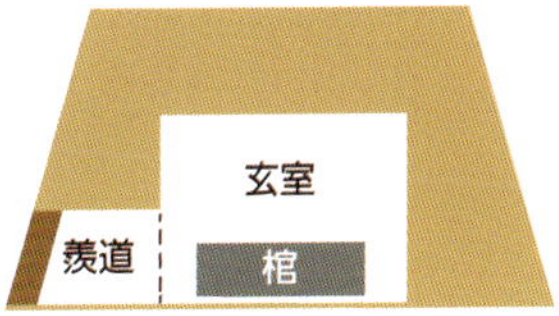

棺を置く玄室と、それにいたる羨道が設けられている。比較的新しい時代の古墳に採用された。

古墳に納められたもの

古墳の石室には、被葬者が眠る棺と、大量の副葬品が納められた。この副葬品によって、被葬者がどんな人物だったかを推測できる。

棺

棺の多くは石棺だが、ごくまれに木棺や、埴輪を利用した埴輪棺（▶P81）も見つかっている。石棺も飾りによって種類分けされており、屋根のような蓋がついた家形石棺、底が丸い舟形石棺、石板で蓋をする箱形石棺などがある。

復元された保渡田八幡塚古墳（▶P88）の竪穴式石室。中には舟形石棺のほか、副葬品を納めるためのスペースがあったが、盗掘を受け散逸している。

副葬品

江田船山古墳出土の鏡と大刀。（東京国立博物館所蔵）

棺の中や外にはたくさんの副葬品が納められた。なかでも重要視されているのが鏡と大刀で、祭祀で使われた道具だとされている。それ以外にも矛や鎧などの武器・武具、耳飾りやベルトなどのアクセサリー、馬具、お供え物を置くための須恵器《すえき》（食器）などが発見されている。

この古墳がスゴイ！

大量の円筒埴輪が発見された 五色塚古墳

［兵庫県神戸市］

上空から見た五色塚古墳

前方後円墳の形状がしっかりと復元された五色塚古墳。残念ながら中の埋葬施設は発掘調査が行われておらず、どのようになっているのかはわからない。（神戸市文化財課提供）

兵庫県神戸市垂水区にある五色塚《ごしきづか》古墳は、4世紀後半に築かれた古墳で、全長194mと兵庫県では最大の規模を誇ります。五色塚古墳からは大量の円筒埴輪が発見されており、墳丘部分には総数2200本もの円筒埴輪（▼P79）が並んでいたと推測されています。

五色塚古墳は、1965年より10年の歳月をかけて当時の姿に復元されました。古墳の復元整備は日本初のことで、現在進められている各地の復元事業の先駆けとなった古墳なのです。

イラスト=中西立太

五色塚古墳の建造風景

五色塚古墳は3段の墳丘を持ち、斜面には崩れないように葺石が貼り付けられた。最も高い後円部が 18m と5階建てのビルに相当する。墳丘のテラス（斜面が平坦になっている部分）には円筒埴輪が 10m につき約 18 本のペースで並べられており、そこから 2200 本の円筒埴輪が使われたと推定されている。

淡路島から運ばれた葺石

五色塚古墳の墳丘斜面につけられた葺石は、全部で約 223 万個、総重量 2784t だと推定されている。葺石を分析したところ、うち1番下段の小さな石は付近の石だが、上2段に使用された大きな石は、淡路島の東側の海岸で産出されたものだと判明した。被葬者の強いこだわりがうかがえる。

五色塚古墳から淡路島を望

五色塚古墳は明石海峡を眼下に見下
す台地の上に築かれており、墳丘か
は淡路島や明石海峡大橋のパノラ
ビューが楽しめる。五色塚古墳に眠る
力者は、この明石海峡周辺を拠点に
本州と淡路島をつなぐ海上交通で栄
た豪族だと考えられている。

この古墳がスゴイ!

埴輪がドラマを演じる 保渡田八幡塚古墳

［群馬県高崎市］

群馬県高崎市には、巨大な前方後円墳が3つもあった保渡田古墳群《ほどたこふんぐん》があります。そのうちの八幡《はちまん》塚《づか》古墳は埴輪や葺石、竪穴式石室（▼P85）が当時の姿に復元されています（▼P6）。

この八幡塚古墳には通称「埴輪劇場」と呼ばれる、埴輪の向きや並べ方がほぼ当時の姿で復元されたエリアがあります。これは古墳時代、榛名山の噴火によって古墳や埴輪が火山灰や土砂で埋まってしまったゆえにできたこと。埴輪の並び順にも意味があったことが、よくわかります。

上空から見た八幡塚古墳

復元された八幡塚古墳。濠の中にある丸いものは中島と呼ばれる儀式の舞台となった設備。写真奥に見えるのは同じ保渡田古墳群の二子山古墳。（かみつけの里博物館提供）

シーン4

ニワトリと水鳥の列

先頭は2羽のニワトリ。その後ろに水鳥が列をなす。列の最後尾には右腕に鳥を乗せた鷹匠らしき人物の像が立つ。

シーン6

鵜飼（►P64）

日本で唯一の魚をくわえた鵜の埴輪。独立したシーンとなっている。

シーン5

イノシシ狩り（►P57）

弓を構えた狩人、猟犬、矢を受けて血を流すイノシシを表した狩猟のシーン。

埴輪劇場

八幡塚古墳の堤に並ぶ埴輪たちは、向きや並び順から7つのシーンを表していると考えられている。そのため「埴輪劇場」と呼称されている。ここまで復元するのに10 年以上の追跡調査が行われたそうだ。

シーン 1

座って儀式を行う王たち

冠をかぶった王に向かって、巫女が坏を捧げている。周囲には琴を弾く人や大刀を持つ人物の姿が見える。なお、周囲のてるてる坊主のようなものは、土台など埴輪の痕跡があったものの、どのような造形の埴輪があったかわからないものを示している。

シーン 2

立って儀式を行う人々

大刀を左腰にさし、巫女と向かい合っている男性。おそらく大刀の男性埴輪が王で、立って儀式を行う姿だろう。

シーン 3

武人と力士

武装した埴輪とふんどし姿の力士がいる。戦っているのではなく、儀式を行っているとされる。

シーン 7

王の後ろに武人や馬が列をつくる

帽子をかぶって着飾る王を先頭に、武人、甲冑、飾りをつけた馬、裸馬が列をなす。王が保有していた財産をアピールする行列だろう。

この古墳がスゴイ！

大王が眠っている？ 今城塚古墳

［大阪府高槻市］

大阪府高槻市の今城塚《いましろづか》古墳は、総長350mの巨大な前方後円墳です。発掘調査で6世紀前半につくられたと推定されています。

今城塚古墳の最大の特徴は、大量の形象埴輪が並べられた「埴輪祭祀場」がある点。埴輪の豪華さや時期から、ヤマト政権の大王・継体《けいたい》天皇の古墳だとされています。

（高槻市立今城塚古代歴史館提供）

4区

水鳥や馬が行列をなし、武人（▶P21）や力士（▶P38）の埴輪が置かれている。1～3区を守る兵士たちを駐屯させる区域ではないかといわれている。

（高槻市立今城塚古代歴史館提供）

上空から見た今城塚古墳

現在、今城塚古墳は「いましろ大王の杜」という名前で公園として整備され、全国でも珍しい「古墳の中に入れる公園」として市民の憩いの場になっている。

埴輪祭祀場

今城塚古墳の北側には、たくさんの埴輪で大王の儀式を再現した「埴輪祭祀場」がある。
4つの区画に分けられており、各区画には柵形の埴輪を並べて仕切りにしている。

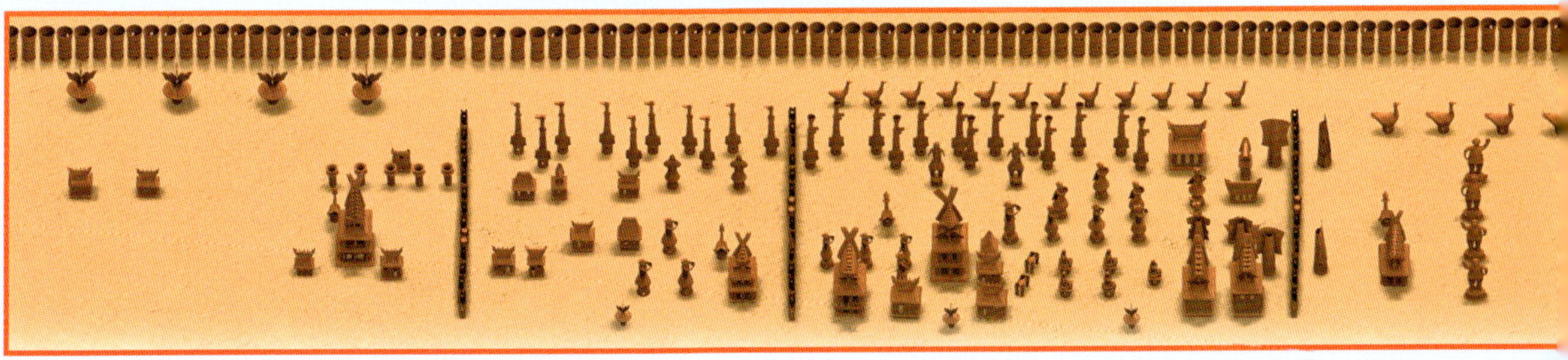

1区
蓋《きぬがさ》（▶P77）などの器財埴輪が並ぶ空間。人物埴輪がないことから、一説では大王の寝室を表していると考えらえている。

2区
大刀や巫女の埴輪が並ぶ空間。女性しかいないことから、大王のプライベートな部屋を表現したのではないかという説もある。

3区
日本最大の家形埴輪（▶P68）をはじめ、多くの埴輪が並べられた最もにぎやかなエリア。手を挙げて祈る巫女（▶P30）や楽器を持った埴輪が多いことから、儀式や政治を行う場とも考えられている。

復元された埴輪祭祀場（1区と2区の間）

各区画の間には、柵形の埴輪が並べられている。1区は蓋や器を表した埴輪が、2区には器を持ち運ぶ巫女や、大きな刀形の埴輪が置かれている。

復元された埴輪祭祀場（3区）

3区には大型の家形埴輪と、それを守るかのように大きな盾形埴輪が並んでいる。また、祭祀場全体に円筒埴輪がずらっと並べられ、きちんと区分けされている。

この古墳がスゴイ！

綿貫観音山古墳

出土品が全部国宝に！

［群馬県高崎市］

群馬県高崎市にある綿《わた》貫《ぬき》観《かん》音《のん》山《やま》古墳は6世紀後半に築かれたと考えられ、墳丘は全長97mです。

2020年、この古墳から見つかった埴輪や副葬品の数々がすべて国宝に指定されました。それもそのはず、この古墳は石室の天井が崩れていたために盗掘をまぬがれ、当時の貴重な品々がそのまま残っていたからです。

また、墳丘には高さ1mにもなる大型の埴輪が並べられており、その豪華さから被葬者はこの土地を治めていた王だと考えられています。

（群馬県文化財保護課提供）

上空から見た綿貫観音山古墳

現在の綿貫観音山古墳は当時の姿に復元されている。発見された遺物の多くは、古墳からほど近い群馬県立歴史博物館に収められている。

（群馬県文化財保護課提供）

綿貫観音山古墳の石室

倒壊していた石室は、現在復元されており、内部を見学できる。形は古墳の横に入り口がある横穴式石室で、全長約12m、幅約4mと群馬県内最大級の規模を誇る。

儀式を行う埴輪群像

石室の入り口近くには、楽器を弾く三人童女の埴輪（▶P34）を中心に、人物埴輪が並んでいる。左の帽子の男が被葬者の王で、王が生前、神を祀る儀式に臨んだ時の姿を再現した埴輪だと考えられている。（文化庁所蔵／群馬県立歴史博物館提供）

きらびやかな副葬品

綿貫観音山古墳の石室からは、大量の副葬品がほぼ当時のままの姿で発見された。写真中央の「銅《どう》水瓶《すいびょう》」は中国や朝鮮半島で見つかったものと類似点が多く、被葬者が大陸との外交に力を入れていた人物だと示す証となっている。（文化庁所蔵／群馬県立歴史博物館提供）

綿貫観音山古墳の復元模型

綿貫観音山古墳には、墳丘をぐるりと囲むように大型の埴輪が並べられていた。被葬者の魂を守るためか、石室上部には大刀や盾形の埴輪が置かれている。（国立歴史民俗博物館所蔵／群馬県立歴史博物館提供）

勇ましい武人や飾り馬の埴輪

古墳の周囲には大きな馬や武人、武器の埴輪がずらり並び、迫力がある。とくに馬形埴輪は、古墳に納めらていた副葬品と同じ飾りをつけており、被葬者が馬の産で大成した人物であったことを示している。

この古墳がスゴイ!

九州にある一風変わった古墳

九州には本州とは異なる特徴を持った古墳がたくさんあります。たとえば、福岡県の岩戸山《いわとやま》古墳には、埴輪と一緒に、石でできた石人《せきじん》などが並べられていました。

また福岡県や熊本県には、内部の壁や石室などにカラフルな彩色が施された装飾古墳が残っています。古墳時代の人々は、死者の魂が死後の世界へ無事にたどり着くように、様々な図形や絵を古墳の内部に描いたとか。なんともロマンチック!

岩戸山古墳で見つかった石人。
(東京国立博物館所蔵)

岩戸山古墳(福岡県八女市)

岩戸山古墳は、ヤマト政権に対し反乱を起こした国造《くにのみやつこ》(地方の首長)である磐井《いわい》の墓だとされている。岩戸山古墳をはじめ、九州の古墳からは石人や石馬といった石製の人物像・動物像が発掘されており、これらの石像には、熊本県の阿蘇山で採れる阿蘇溶結凝灰岩が使われている。

装飾古墳の文様

装飾古墳で描かれた文様は、大きく3種類に分けられる。丸や三角などの図形をもとにした「幾何学文様」、弓や盾などの武器や家を表現した「器材器物文様」、人や動物などの生き物を描いた「人物鳥獣文様」だ。独特な雰囲気をつくり出す幾何学文様は、呪術的な意味を持ち、魔除けや破邪の文様として描かれているという。また船や馬などの器物や鳥獣には、死者を死後の国へ届けるというメッセージが込められている。

王《おう》塚《づか》古墳（福岡県桂川町）

玄室（遺体を納めた部屋）には三角文を中心に、幾何学模様が赤・黄・白・黒・緑・灰の６色で鮮やかに描かれている。わらび手文や、矢を入れる道具である靫の絵も特徴的だ。石室の前室には、来世に向かうための乗り物とされた騎馬像の絵画も描かれている。写真は発見当時の装飾を復元したレプリカ。（王塚装飾古墳館提供）

装飾古墳

チブサン古墳（熊本県山鹿市）

石室奥に置かれた石屋形に、赤・白・黒（青）の３色で様々な文様が描かれている。正面中央の2つの円が乳房に見えることが古墳名の由来。阿蘇山から採れる阿蘇黄土がベンガラ（赤色顔料の材料）になったため、熊本県では装飾古墳が盛んにつくられ、全国に約700基ある装飾古墳のうち、約200基が熊本県に集中している。（山鹿市教育委員会提供）

もっと詳しく学べる!

はにわQ&A

ここでは、埴輪や古墳にまつわる疑問をズバッと解決していきます。素朴でカワイイ埴輪たちですが、じつは奥深いものなのです。

Q1 埴輪はどうやってつくるの?

A お茶碗といっしょ。粘土で成型し窯で焼く

埴輪づくりは、まず焼き物用の粘土をつくり、埴輪の原型を整えるところからスタートします。粘土を紐状にのばし、筒状に積み上げて成型します。成型後は表面をハケという板でならし、着色。その後1カ月ほど乾燥させてから窯で焼き、完成です。

古墳時代当初は「野焼き」という、焚き火のように野外で焼く方法が一般的でした。しかし5世紀頃に朝鮮半島から「登り窯」が伝来。一度にたくさんの埴輪を高温で一気に焼き上げることが可能となり、埴輪の生産量がアップしました。

埴輪の成型や焼き加減は繊細な技術が必要。そのため埴輪づくりは土師《はじ》氏などの専門の工人（職人集団）が手掛けました。

埴輪のつくり方

1 粘土をつくる
粘土を採取し、水や砂などを混ぜて調整し、焼き物用の粘土にする。

2 成型する
粘土を紐状にのばしたものを円筒状に積み上げていく。形象埴輪の場合はそれに複数のパーツをつけていき、成型する。

3 表面をならす
ハケ（櫛のような形の板）で表面をきれいにならす。その後着色する。

4 乾燥させる
できた埴輪を1カ月ほど乾燥させ、水分を取り除く。これにより焼いた際のひび割れを防ぐ。

5 窯で焼く
乾燥させた埴輪を登り窯内に敷きつめて一気に焼き上げる。

新池埴輪製作遺跡（大阪府高槻市）の復元された登り窯。斜面につくられ、低いところから薪をくべて、上部の煙突に向かって煙熱が昇るようにした。温度は1000° C以上になった。

Q2 埴輪の制作年はどのように調べているの？

A 埴輪の形や表面、穴の形などから推定

埴輪の制作年は、その造形から推定します。形象埴輪の場合はその形の出現年（▼P12）から判断。円筒埴輪の場合、穴の形や鰭の有無などから判断します。また野焼きだと黒斑《こくはん》と呼ばれる黒ずんだ焼きムラができるため、窯焼きが主流となる前の埴輪だとわかります。

6世紀につくられた円筒埴輪
埼玉県東松山市出土の円筒埴輪。鰭も黒斑もなく、穴は円形。円筒埴輪の穴は時代がくだるにつれて円形が一般的になる。（東京国立博物館所蔵）

4世紀末～5世紀初頭の円筒埴輪
五色塚古墳出土の円筒埴輪（▶P79）。鰭がついており、穴が四角形なのが古い円筒埴輪の特徴。野焼きの証である黒斑もみられる。

Q3 埴輪はどんな風に見つかるの？

A 多くは破損した状態で発見されます

埴輪は本来古墳の墳丘や堤の上、つまり地上に並べられていましたが、長い年月の間、風雨にさらされて倒壊。土に埋もれてしまいます。それにより、多くの埴輪が地中から破損した状態で発見されます。私たちが普段目にする埴輪は、研究者がバラバラの破片をつなぎ合わせて復元したもの。そのためパーツが足りなくて復元できない埴輪も多く、全容がわかる埴輪はまさに〝奇跡の逸品〟なのです。

生出塚遺跡（埼玉県鴻巣市）の埴輪窯跡から埴輪が出土した様子。（鴻巣市教育委員会提供）

Q4 古墳にはどのくらいの埴輪が並べられたの？

A 大型の古墳だと数千から数万本になることも！

古墳に並べられた埴輪の多くが円筒埴輪です。円筒埴輪は墳丘や堤の上に隙間なく並べられるので、墳丘や堤の長さを、出土した円筒埴輪の直径で割れば、並べられた埴輪の本数を推定できます。

たとえば日本一大きな古墳である仁徳天皇陵古墳（▼Ｐ８）の場合、堤には直径40cmの円筒埴輪が並べられていたことが発掘調査でわかりました。これをもとに計算すると、全部でなんと約２万８８２１本の円筒埴輪が並んでいたと推定されます。

なお、これは円筒埴輪の列が１列だったと仮定した場合の数字。仁徳天皇陵は２０２１年の調査の結果、円筒埴輪が２列並んでいる部分が見つかっています。

さらに、この方法で計算できるのは円筒埴輪だけ。様々な場所に置かれた形象埴輪の数までは計算できません。仁徳天皇陵古墳は古墳のサイズのみならず、埴輪の数も規格外なのです。

埴輪の数も日本一の仁徳天皇陵古墳。（大阪府堺市）

Q5 埴輪の下の部分にある土台は何に使うの？

A 埴輪が倒れないように地面に埋めるため

埴輪は墳丘など地上に並べるため、倒れないように土台を地面に埋めて固定しました。このとき、並べた埴輪の高さがきちんと揃うよう、あえて土台を壊して調整した跡が見られる埴輪もあります。

埴輪の大多数は、長い年月の間に破損し、地中に埋まっていた土台だけが残ることもあります。逆にいえば、土台は当時の位置から変わっていないということ。そのため、土台からどの埴輪がどこに置かれたか、位置を特定することができるのです。

長い止まり木じゃなくて土台だよ〜

土台が割れていたため修復を受けている鶏形埴輪。土台からさらに１段高いところに止まっている。

鶏形埴輪

年代	6世紀
高さ	53.8cm
出土場所	鶏塚古墳（栃木県真岡市）
所蔵	東京国立博物館

Q6 国宝や重要文化財ってどういうもの？

A 国が価値が高いと定めた文化財のこと

埴輪の中には「国宝」や「国の重要文化財（以下重文）」に指定されているものが多数あります。埴輪などの貴重な文化財を未来に伝えるために、日本では「文化財保護法」という法律が定められています。これにもとづき、文化庁が毎年、とくに貴重な文化財を「重文」に指定しています。そして重文の中でも、世界的にも貴重だと認められたもののみが「国宝」に指定されます。

この本では各埴輪に「国宝」「重文」アイコンをつけていますので、ぜひ探してみてくださいね。

2024年に新たに国宝に指定された松阪市文化財センター所蔵の「船形埴輪」（▶P72）。埴輪で国宝指定を受けているのは、この他に「挂甲の武人（▶P16）」「綿貫観音山古墳出土品（▶P92）」のみである。

Q7 埴輪ってみんな無表情だよね？

A 無表情じゃない埴輪もけっこうあるよ！

埴輪の顔といえば喜怒哀楽がわかりにくい無表情なイメージがあります。そのイメージとは裏腹に、きちんと表情がつくられた埴輪も見つかっています。とくに目を細めて笑う埴輪は、古来、笑いに込められたパワーが魔を追い払うという思想にもとづいてつくられたと考えられています。

笑顔で悪者を追い払おう！

目を細めて笑う女性の埴輪。女性で笑顔のものは珍しく、大きな首飾りや耳飾りから、高貴な女性を表現していると考えられている。

女子人物埴輪

年代	6世紀後半
高さ	不明
出土場所	前の山古墳（埼玉県本庄市）
所蔵	本庄早稲田の杜ミュージアム

Q8 海外には古墳や埴輪はないの？

A 前方後円墳と埴輪が韓国で発見されています

埴輪は日本独自のものですが、韓国では円筒埴輪にそっくりな土製品が発見されています。とくに光《クァン》州《ジュ》広域市の栄山江《ヨンサンガン》流域は古墳時代の日本と深い交流があったとされるエリアで、光州月《ウォル》桂《ゲ》洞《ドン》古墳群などの前方後円墳がつくられました。さらに近年は形象埴輪らしき破片も見つかっています。

光州月桂洞古墳群は2基の前方後円墳で構成されている古墳群で、5世紀後半～6世紀前半頃に建造された。これらの古墳からは円筒埴輪や朝顔形埴輪に似た形状の土製品が発掘されており、日本との交流がうかがえる。

Q9 つくられた古墳はその後どうなったの？

A 管理されたのはほんの一時 年月をかけて森になった

時間や労力を費やし、やっとの思いで完成させた古墳。しかし、古墳が管理されたのは完成後のわずかな期間で、以降は放棄されていました。やがて風や鳥に運ばれた植物の種子が芽吹き、古墳は今私たちがよく見るような森になったのです。

それ以外にも、濠が農作業用の水路になった古墳や、戦国時代に城に転用された古墳もあったりします。戦時中には石室が防空壕として利用された古墳もありました。

現在は市街地化によって失われた古墳がある一方、墳丘を整備した古墳公園は市民や観光客に親しまれています。

桜の名所となっているさきたま古墳公園。（埼玉県行田市）

Q10 どうして埴輪はつくられなくなったの？

A 前方後円墳がいらなくなったから

7世紀に入ると、権威の象徴だった前方後円古墳はパッタリとつくられなくなりました。当時の天皇だった推古天皇は、厩戸王（聖徳太子）らの協力のもと、天皇中心の国づくりを本格的に始めます。すると、わざわざ大きな古墳をつくって天皇との繋がりや権威をアピールするのは、時代遅れだという風潮が生まれたのです。こうして古墳時代は終焉を迎え、埴輪もまた役割を失い、製造されなくなってしまいました。

時代が下って江戸時代に入ると、考古学への関心がにわかに高まり、埴輪にも注目が集まることに。

そして現代、埴輪は私たちに古代人の生き様を教えてくれるメッセンジャーとして大活躍しています。

古墳時代最終期、6世紀末の盾形埴輪（左）と靫形埴輪。明らかに雑な造形から、もはや埴輪をつくるモチベーションが失われていたことが感じ取れる。（太田市教育委員会所蔵）

江戸時代に国学（仏教伝来以前の日本人の精神や文化を研究する学問）が発展したことで、皇室の行事などにも古墳時代の風習が反映されるようになった。写真は1912年に彫刻家の吉田白嶺が制作した「土人形 武装した人」で、同型のものが明治天皇陵に埋められた。「挂甲の武人（▶P16）」を中世の武士風にアレンジしている。（天理大学附属天理参考館所蔵）

はにわに会いに行こう!

たくさんの埴輪を見て、「実際に会ってみたい!」という気持ちになった読者も多いはず。埴輪に会える博物館を紹介しましょう!

群馬県
かみつけの里博物館
►P106

群馬県
群馬県立歴史博物館
►P107

埼玉県
本庄早稲田の杜ミュージアム
►P106

埼玉県
埼玉県立さきたま史跡の博物館
►P105

千葉県
芝山町立芝山古墳・はにわ博物館
►P105

東京都
東京国立博物館
►P104

三重県

松阪市文化財センター はにわ館

►P108

奈良県

奈良県立橿原考古学研究所附属博物館

►P110

大阪府

高槻市立今城塚古代歴史館

►P109

島根県

**島根県立
八雲立つ風土記の丘**

►P110

福岡県

九州国立博物館

►P111

和歌山県

和歌山県立紀伊風土記の丘

►P108

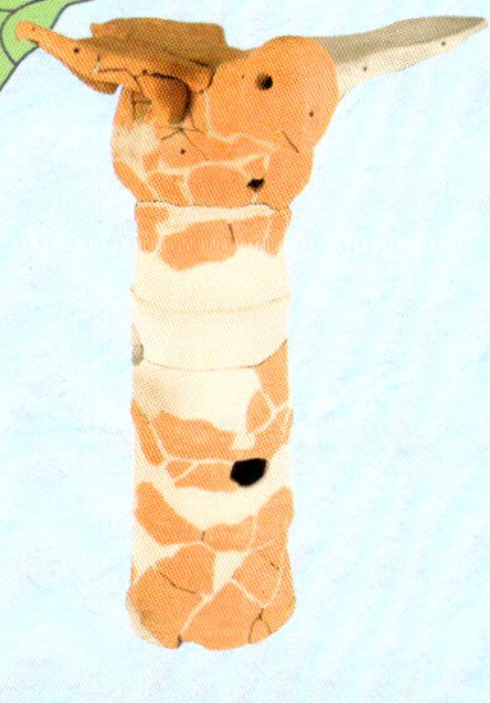

東《とう》京《きょう》国《こく》立《りつ》博《はく》物《ぶつ》館《かん》

約150年の歴史がある日本で最も歴史の古い博物館。国宝89件、重要文化財650件を含む約12万件のコレクションを収蔵している。そのうち平成館考古展示室で数多くの貴重な埴輪を見ることができる。なかでも有名なのが「埴輪 挂甲の武人（►P16）」や「踊る埴輪（►P24）」で、これらをモチーフにしたグッズも充実している。

平成館の考古展示室。定期的に展示替えがあるため、足を運ぶたびに異なる埴輪と出会える。

住所 東京都台東区上野公園13-9
電話番号 050-5541-8600
開館時間 9:30～17:00、毎週金・土曜は～20:00（入館は閉館の30分前まで）
休館日 月曜（月曜が祝日の場合は開館、翌日休館）、年末年始、その他臨時休館あり
URL https://www.tnm.jp/

国宝に指定されている
群馬県太田市出土の「埴輪 挂甲の武人」。
（東京国立博物館所蔵／ ColBase）

埼《さい》玉《たま》県《けん》立《りつ》さきたま史《し》跡《せき》の博《はく》物《ぶつ》館《かん》

特別史跡・埼《さき》玉《たま》古墳群の公園内にある博物館。埼玉古墳出土の円筒埴輪や家形埴輪のほか、国宝「金錯銘鉄剣（▶P29）」などを所蔵。公園内の「はにわの館」では、埴輪づくり体験ができる。

埼玉古墳群から出土した貴重な文化財を展示する国宝展示室。

両手を上げている姿が印象的な「踊る埴輪」（▶P25）。

住所	埼玉県行田市埼玉4834
電話番号	048-559-1111
開館時間	9:00～16:30 ※7/1～8/31のみ9:00～17:00 （入館は閉館の30分前まで）
休館日	月曜（祝日、振替休日、埼玉県民の日（11/14）を除く）、年末年始（12/29～1/3）、ほか臨時休館あり
URL	https://sakitama-muse.spec.ed.jp/

芝《しば》山《やま》町《ちょう》立《りつ》芝《しば》山《やま》古《こ》墳《ふん》・はにわ博《はく》物《ぶつ》館《かん》

かつて500基以上の古墳があったとされる芝山町にある博物館。館内には3つの展示室があり、アゴヒゲを生やした「武人埴輪（▶P20）」など県内の古墳から出土した多彩な埴輪や考古資料を展示している。

見どころは殿塚古墳・姫塚古墳出土の埴輪たち。アゴヒゲの武人や馬子（▶P53）などの埴輪がずらりと並ぶ。

住所	千葉県芝山町芝山438-1
電話番号	0479-77-1828
開館時間	9:00～16:30（入館は閉館の30分前まで）
休館日	月曜及び祝祭日の翌日 （月曜が祝日の時はその翌日）、年末年始
URL	https://www.haniwakan.com

※写真はとくに記載がない限り、各館からの提供です。最新情報は各館の公式Webサイトをご確認ください。

かみつけの里《さと》博《はく》物《ぶつ》館《かん》

保渡田古墳群（▶P88）の目の前にある博物館で、古墳群から見つかった埴輪や古墳時代の建物などの再現模型を展示。毎年秋開催の「かみつけの里古墳祭り」では、王の儀式の再現劇を上演する。

埴輪人物劇場を実物で再現した展示が魅力。他にも怖い顔の盾持ち人埴輪（▶P41）を所蔵。

- **住所** 群馬県高崎市井出町1514
- **電話番号** 027-373-8880
- **開館時間** 9:30～17:00（入館は16:30まで）
- **休館日** 火曜（火曜が祝日・振替休日の場合は開館、翌水曜休館）、年末年始（12/28～1/4）、祝日の翌日（祝日の翌日が土・日曜の場合は開館）、ほか臨時休館あり
- **URL** https://www.city.takasaki.gunma.jp/soshiki/90/

本《ほん》庄《じょう》早《わ》稲《せ》田《だ》の杜《もり》ミュージアム

本庄市と早稲田大学が共同で運営する博物館。本庄市展示室では、市内出土の土器や埴輪といった考古資料の展示に加え、映像やパネル展示で本庄市の歴史を楽しく学ぶことができる。

本庄市のマスコット「はにぽん」のモデルとなった盾持人物埴輪（▶P40）など、笑顔の埴輪が見どころ。

- **住所** 埼玉県本庄市西富田1011 早稲田リサーチパーク・コミュニケーションセンター（早稲田大学93号館）1F
- **電話番号** 0495-71-6878
- **開館時間** 9:00～16:30
- **休館日** 月曜（月曜が祝日の場合は開館、翌日休館）、年末年始（12/28～1/3）
- **URL** https://www.hwmm.jp/

群《ぐん》馬《ま》県《けん》立《りつ》歴《れき》史《し》博《はく》物《ぶつ》館《かん》

埴輪大国・群馬県を代表する博物館で、VRなどの最新技術を活用し、埴輪や古墳の魅力を伝えている。1番の目玉は「綿貫観音山古墳出土品(►P92)」を陳列する国宝展示室で、国宝の巨大な埴輪を360°、間近で鑑賞できる。

国宝展示室の様子。他にも塚廻り古墳群で出土した埴輪の展示や埴輪の 3D ホログラムを楽しめる「デジタル埴輪展示室」もある。

王と巫女が対座し、儀式を表現している綿貫観音山古墳の埴輪群像。実際の古墳と同じ並び順で展示されている。(文化庁所蔵)

住所	群馬県高崎市綿貫町992-1
電話番号	027-346-5522
開館時間	9:30～17:00(入館は16:30まで)
休館日	月曜(月曜が祝日・振替休日の場合は開館、翌日休館)、年末年始、ほか展示準備期間など
URL	https://grekisi.pref.gunma.jp

※写真はとくに記載がない限り、各館からの提供です。最新情報は各館の公式 Web サイトをご確認ください。

和《わ》歌《か》山《やま》県《けん》立《りつ》紀《き》伊《い》風《ふ》土《ど》記《き》の丘《おか》

岩橋千塚古墳群に隣接した施設で、総面積約67haの敷地内には約500基の古墳が点在する。資料館では「翼を広げた鳥形埴輪（►P62）」など、ユニークな埴輪が展示されている。

資料館内では岩橋千塚古墳群で見つかった一風変わった造形の埴輪を展示。

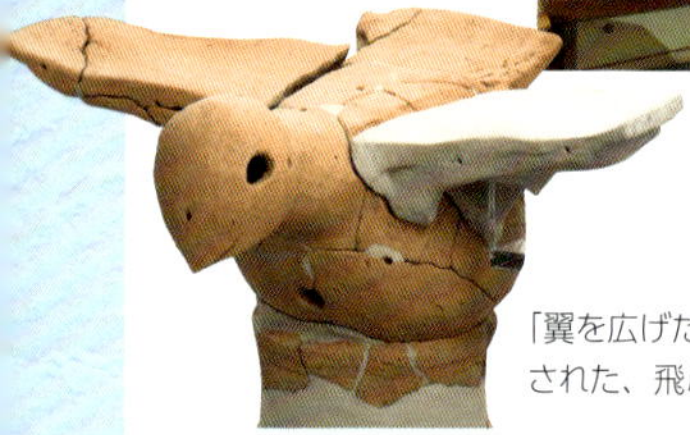

「翼を広げた鳥形埴輪」は全国で初めて発見された、飛ぶ姿をした鳥形埴輪。

住所	和歌山市岩橋1411
電話番号	073-471-6123
開館時間	9:00～16:30（入館は16:00まで。 移築民家の見学は16:15まで）
休館日	月曜（月曜が祝日の場合は開館、翌日休館）、 年末年始（12/29～1/3）、展示替期間
URL	https://www.kiifudoki.wakayama-c.ed.jp/

松《まつ》阪《さか》市《し》文《ぶん》化《か》財《ざい》センター はにわ館《かん》

宝塚1号墳から出土した国宝「船形埴輪（►P72）」「囲形埴輪（►P69）」をはじめ、ここでしか見られない不思議な造形の埴輪を展示する。また、「本物にさわってみよう」コーナーでは、実物の土器や埴輪に触れる体験もできる。

第１展示室では、「宝塚古墳の謎」と題して国宝の埴輪のほか、古墳のジオラマ模型なども展示する。

住所	三重県松阪市外五曲町1
電話番号	0598-26-7330
開館時間	9:00～17:00（入館は16:30まで）
休館日	月曜（月曜が祝日の場合は開館、翌日休館）、 年末年始（12/29～1/3）、ほか臨時休館あり
URL	https://www.city.matsusaka.mie.jp/site/ bunkazai-center/

高《たか》槻《つき》市《し》立《りつ》今《いま》城《しろ》塚《づか》古《こ》代《だい》歴《れき》史《し》館《かん》

今城塚古墳（►P90）に隣接する博物館で、古墳から出土した埴輪をメイン展示に、映像やジオラマ模型で古墳のつくり方などを解説する。今城塚古墳には当時の祭りを再現した「埴輪祭祀場」があり、実物大に復元された埴輪約200点が並ぶ光景は圧巻。まるで古代にタイムスリップしたような気持ちになれるはず。

幾何学模様の服がめずらしい埴輪「両手をあげる巫女」（►P30）。

住所	大阪府高槻市郡家新町48-8
電話番号	072-682-0820
開館時間	10:00～17:00（入館は16:30まで）
休館日	月曜（月曜が祝日の場合は開館、翌日休館）、年末年始（12/28～1/3）
URL	https://www.city.takatsuki.osaka.jp/site/history/list8.html

常設展示室には、今城塚古墳出土の埴輪群のほか、3基の復元石棺や副葬品などを展示している。

※写真はとくに記載がない限り、各館からの提供です。最新情報は各館の公式 Web サイトをご確認ください。

島《しま》根《ね》県《けん》立《りつ》八雲《やくも》立《た》つ風土記《ふどき》の丘《おか》

古代出雲の中心地とされる大庭・竹矢地区にできたフィールド・ミュージアム。エリア内には島根県最大の古墳・山代二子塚古墳も分布。「見返りの鹿埴輪（▶P58）」などを展示する。

付近の古墳で発見された動物埴輪や家形埴輪が並ぶ展示室。

美しい「見返りの鹿埴輪」は、ぬいぐるみなどのグッズになっている。

住所	島根県松江市大庭町456
電話番号	0852-23-2485
開館時間	9:00～17:00（入館は16:30まで）
休館日	火曜（火曜が祝日の場合は開館、翌日休館）、年末年始、ほか臨時休館あり
URL	https://www.yakumotatu-fudokinooka.jp

奈《な》良《ら》県《けん》立《りつ》橿《かし》原《はら》考《こう》古《こ》学《がく》研《けん》究《きゅう》所《しょ》附《ふ》属《ぞく》博《はく》物《ぶつ》館《かん》

未盗掘だったため数々の宝物が発見された藤ノ木古墳の出土品を中心に、奈良県内で発掘された考古資料を時代別に展示する。毎年夏には発掘調査成果の速報展「大和を掘る」を開催。

日本最大の埴輪であるメスリ山古墳出土「大型円筒埴輪（▶P78）」が並ぶ様子は迫力満点だ。

住所	奈良県橿原市畝傍町50-2
電話番号	0744-24-1185
開館時間	9:00～17:00（入館は16:30まで）
休館日	月曜（月曜が祝日の場合は開館、翌日休館）、年末年始（12/28～1/4）、ほか臨時休館あり
URL	https://www.kashikoken.jp/museum/index.html

九《きゅう》州《しゅう》国《こく》立《りつ》博《はく》物《ぶつ》館《かん》

東京・奈良・京都に次ぐ、国内4番目となる国立博物館。「日本文化の形成をアジアとの交流から考える」というコンセプトのもと、アジア諸地域との文化交流の歴史を紹介している。埴輪のほか、九州で多く見つかっている石人（▶P94）なども展示している。

「第4室 にぎやかな古墳のまつり」のコーナーでは埴輪や石人がディスプレイされている。

住所 福岡県太宰府市石坂4-7-2（太宰府天満宮横）
電話番号 050-5542-8600
開館時間 9:30〜17:00（入館は16:30まで）、特別展開催期間中の金曜・土曜は夜間開館で9:30〜20:00（入館は19:30まで）
休館日 月曜（月曜が祝日・振替休日の場合は開館、翌日休館）、年末
URL https://www.kyuhaku.jp/

三角形の笠が特徴的な「埴輪 農夫（▶P33）」。（九州国立博物館所蔵／ColBase）

 ※写真はとくに記載がない限り、各館からの提供です。最新情報は各館の公式Webサイトをご確認ください。

[編集・執筆]

かみゆ歴史編集部（中村蒐、荒木理沙、小林優、重久直子、滝沢弘康）

「歴史はエンターテイメント！」をモットーに、雑誌・ウェブ媒体から専門書までの編集・制作を手がける歴史コンテンツメーカー。扱うジャンルは日本史、世界史、地政学、宗教・神話、アート・美術など幅広い。日本史関連の主な編集制作物に『テーマ別だから理解が深まる日本史』『ニュースとマンガで今、一番知りたい！日本の歴史』（ともに朝日新聞出版）、『まる見え！日本史超図鑑』（ワン・パブリッシング）、『流れが見えてくる日本史図鑑』（ナツメ社）、『るるぶ縄文』（JTB パブリッシング）、『天皇〈125 代〉の歴史』（西東社）など。

[デザイン・DTP・図版]　株式会社MIKAN-DESIGN

[校正]　さなださな、桑原和雄（朝日新聞総合サービス出版校閲部）、関根志野

[企画・編集]　朝日新聞出版 生活・文化編集部　塩澤巧

[写真・図版協力]　ColBase: 国立文化財機構所蔵品統合検索システム／ Pixta ／ photolibrary ／株式会社ウエイド

※その他の提供元は画像の側に記載

楽《たの》しく学《まな》べるはにわ図《ず》鑑《かん》

編著　朝日新聞出版

発行者　片桐 圭子

発行所　朝日新聞出版
〒104-8011 東京都中央区築地 5-3-2
（お問い合わせ）infojitsuyo@asahi.com

印刷所　大日本印刷株式会社

Published in Japan by Asahi Shimbun Publications Inc.

ISBN　978-4-02-334165-4